新时代“四史”丛书

张耀祠回忆录

在毛主席身边的日子

张耀祠★著

金城出版社
GOLD WALL PRESS
北京·2020

图书在版编目（CIP）数据

张耀祠回忆录：在毛主席身边的日子 / 张耀祠著 . —北京：金城出版社有限公司，2020. 8

ISBN 978-7-5155-1999-9

Ⅰ . ①张… Ⅱ . ①张… Ⅲ . ①毛泽东（1893—1976）—生平事迹 Ⅳ . ① A752

中国版本图书馆 CIP 数据核字（2020）第 032727 号

张耀祠回忆录

——在毛主席身边的日子

作　　者　张耀祠
责任编辑　李　涛
责任校对　李凯丽
责任印制　李仕杰
开　　本　710 毫米 × 1000 毫米　1/16
印　　张　14.5
插　　页　8
字　　数　190 千字
版　　次　2020 年 8 月第 1 版
印　　次　2020 年 8 月第 1 次印刷
印　　刷　天津旭丰源印刷有限公司
书　　号　ISBN 978-7-5155-1999-9
定　　价　59.80 元

出版发行　**金城出版社有限公司**　北京市朝阳区利泽东二路 3 号（100102）
发 行 部　（010）84254364
编 辑 部　（010）84250838
投稿邮箱　balimist0213@163.com
总 编 室　（010）64228516
网　　址　http://www.jccb.com.cn
电子邮箱　jinchengchuban@163.com
法律顾问　北京市安理律师事务所　18911105819

1966 年 7 月 1 日，毛泽东与张耀祠在武汉合影（钱嗣杰 / 摄）

张耀祠（1916—2010）

华国锋与张耀祠合影

新中国成立初期的全家福（摄于北京）

“文革”时期，张耀祠工作照

1966 年 6 月，张耀祠在韶山毛泽东同志故居

1973 年的全家福（摄于中南海）

2001 年 10 月 9 日，张耀祠在延安宝塔山下

2001 年 10 月 19 日，张耀祠在江西于都县中央红军长征第一渡

2001 年 10 月，张耀祠在江西瑞金毛主席住地大门口
（这是张耀祠 1933 年参加红军时站第一班哨的地方）

2004 年 5 月，张耀祠与本书特邀编辑鱼汲胜合影

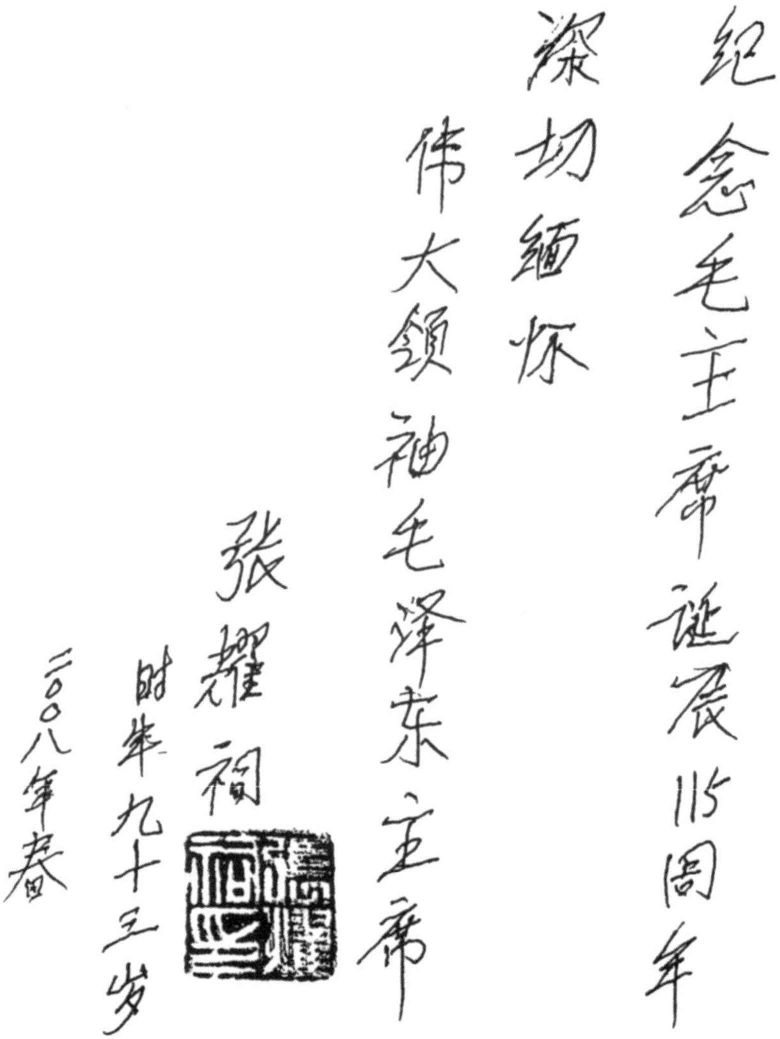

张耀祠墨迹（2008 年）

前　言

许多同志要我写点回忆录，说：把你在毛主席身边工作期间所知道的事写出来，让后人看一看。我的水平很有限，现仅凭自己的记忆，将一些片段回忆整理出来。因为时间久了，有的内容和时间不一定很准确。但所写的都是我在保卫党中央、保卫毛主席期间所经历过的事情。

毛泽东主席为了党的事业，为了中国人民的解放事业，为了使全国各族人民过上幸福生活，他始终不渝地将马克思列宁主义的普遍真理与中国革命的具体实践相结合，以坚定顽强的革命意志、强烈的责任感，不顾个人安危，日以继夜地坚持工作。在中国共产党领导下，毛主席与他的战友们亲密合作，团结全党、全军和全国人民，经过长期的残酷的武装斗争，历尽千辛万苦，战胜了无数艰难险阻，终于赶走了帝国主义，打倒了封建主义和官僚资本主义以及蒋介石反动集团，推翻了压在中国人民头上的三座大山！ 1949 年 10 月 1 日，在北京天安门广场云集 30 万群众，举行隆重的开国大典。毛主席在天安门城楼上向全世界庄严宣告："中华人民共和国中央人民政府今天成立了！"

他亲手升起了新中国第一面五星红旗。

毛主席是中国共产党、中国人民解放军和中华人民共和国的主要缔造者和卓越领导者。

毛主席是一代伟人，是伟大的马克思主义者、伟大的无产阶级革命家、战略家和理论家。

毛主席的一生是马克思列宁主义者光辉的一生。他全心全意、完全彻底为人民服务，奋斗了一生，贡献了毕生的心血，实现了他的伟大理想和全国人民的心愿。没有他的坚强领导，就没有新中国！毛主席的丰功伟绩是永存的！中国人民永远怀念毛主席！

張耀祠

2008 年 4 月

目　录

第一章
走进中南海

我担负保卫党中央、保卫毛主席的安全任务。从 1953 年起更直接了，在汪东兴同志领导下，我很长时间跟随毛主席，在北京进行各种活动或外出到各省、市巡视，负责安全保卫工作。

一、组建8341部队

1953年，中南海。

5月的一天，中央警卫师政委张廷桢通知我说：“汪东兴同志有事找你，你上午去中南海。”

我当时是中央警卫师副政委，我想找我会有什么事呢？我到了中南海汪东兴局长办公室，他当时是中央公安部九局（中央办公厅警卫局）局长。汪局长对我说：“中央决定成立中央警卫团，负责保卫党中央领导核心，保卫五大书记，住中南海内的政治局委员和住在中南海内党、政、军领导机关及住玉泉山、新六所中央领导同志和机关的安全任务。现在调你来中央公安部九局任副局长兼中央警卫团团长。”

我说：“中央警卫团是保卫党中央、保卫毛主席的安全。这项任务很艰巨，责任重大，我怕完不成任务，不能胜任这项工作。最好另选别的同志来吧。”

汪局长说：“上级已决定了，不要变了。你快点来吧，把中央警卫团组建好。”

我到职后，同中央警卫师一团团司令部机关同志们一道，一方面做好保卫五大书记——毛泽东、刘少奇、朱德、周恩来、陈云的安全，完成好保卫政治局委员和党、政、军机关、玉泉山、新六所首长和机关的安全任务；另一方面组建 8341 部队。5 月上旬，以中央警卫师一团机关、部队为基础（一团的前身是延安中央警备团，这个团的干部资历比较老，部队军政素质也好），全团干部战士做了些调整，不够的从别的部队选调了一部分。中央警卫团按照编制组建起来了，这样，任务交接完了，部队也组建好了。

我们向中央军委总参谋部做了报告。按编制序列，中央警卫团的代号为 8341 部队。机关对外联系工作，干部、战士写家信与亲朋、好友通信往来，都用 8341 部队的代号，不用中央警卫团的番号对外，以利保密。

8341 部队的代号就是这样来的，而并非像社会上传说的那样神，说什么“开国大典后，毛泽东派人访老道，老道写了‘8341’四个字，毛泽东不详其意，就把它作为自己警卫部队的番号。直到毛泽东逝世后，人们才发现，原来这个数字有两个预示，一个预示毛泽东活到 83 岁，一个预示毛泽东在位 41 年”。细一推算，毛主席确已活到 83 岁，从遵义会议到毛主席去世也是 41 年。如果把“8341”这个代号分为两个数字来理解，纯粹是一个巧合，绝不是什么老道的灵验。毛主席压根儿就没有派什么人去访过什么老道。

8341 部队的建制是归中央军委总参谋部领导，警卫任务是归中央公安部九局领导，时任中央公安部部长的是罗瑞卿。

6 月 9 日，在中南海团部会议室召开了排以上干部会议，我在会上宣布了中央警卫团的成立。根据上级决定，由我兼任中央警卫团团长，杨德中为中央警卫团政治委员，张宏为副团长兼团司令部参谋长，王化宇为团副政治委员兼团政治部主任，王连龙为团政治部副主任，周广益为团后勤部部长，程会仔为团后勤部副部长。宣布了团的编制，传达了九局汪东兴局长对中央警卫团确保党中央和毛主席安全任务的指示与要求。

6月22日下午，在中南海东八所，召开了全团军人大会。中央办公厅主任杨尚昆、公安部副部长徐子荣、九局局长汪东兴、中央警卫师政治委员张廷桢在会上都讲了话，对保卫好党中央和毛主席的绝对安全做了重要指示。他们特别强调，中央警卫团担负的任务是艰巨的，责任是重大的，也是光荣的。要保卫好党中央领导核心的安全，保卫好党、政、军领导机关的安全。在城市环境中要学会过硬的本领，提高军政素质，要搞得过敌人。保卫好党中央领导核心的安全，要求只准做好，不准做坏……

中央警卫团的任务增加了。人民大会堂、天安门、钓鱼台国宾馆、毛家湾、北戴河和中央领导同志及外宾行车路线的安全，都在我局范围内由中央警卫团负责。随着警卫任务的增加，到1968年，这支部队便增加到了数千人。

警卫工作在城市环境中，主要以公开的武装形式同隐蔽的阶级敌人做斗争。特别要防范两种敌人：一是职业特务，专门搞暗害活动，收集情报；利用金钱美女，引诱和收买我内部立场不坚定的分子为他们服务。二是亡命之徒，他们对社会主义革命和建设的胜利极大不满，因对无产阶级革命领袖和高级领导干部有刻骨仇恨；还有敌对分子，对现实社会某一件事怀有极大不满而进行发泄报复。

对此，在部队组建不久，我对中央警卫团的各级干部，进行过几次轮训，在形势和任务教育中，特别讲了国际国内阶级斗争的复杂性、长期性、残酷性和尖锐性。无论是国际的、国内的反动阶级和反革命分子都不甘心自己的失败灭亡，他们仇恨无产阶级的革命领袖和高级干部，仇恨工人、农民、劳动群众翻身得解放。他们拼命挣扎，训练特务分子，千方百计寻找机会暗杀革命领袖和高级干部。例如，苏联一个女特务乘列宁上汽车时，向列宁连开了几枪，那些子弹是有毒的。在山东省军区，政治部副主任黄祖炎参加军区的晚会，在台上讲完话刚下台，某军分区宣传科长向他连开了三枪，黄当即牺牲了。这是地主出身的反革命分子对土地改革时因他父亲被斗，而心怀不满进行阶级报复，罪犯当场自杀而死……

我们对干部、战士教育时，特别强调了武装保卫工作的特点。我们在党中央、毛主席、中央领导同志和党政军机关周围的武装警卫，每一个岗哨，都是严防阶级敌人的第一道防线——这一道防线是最关键的防线。这一道防线如果被敌人突破了，就会危害首长的安全。我们的武装警卫，特别要严密防止那些不分时间地点、不分白天夜晚、不管刮风下雨，伪装成各色各样的人混进警卫区，破坏我们的警卫目标。

我们教育全体指战员，警卫工作必须要提高革命警惕性，失去了革命警惕性，离危险就只差一步。什么是革命警惕性呢？革命警惕性就是阶级坚定性，保卫党中央和毛主席安全的责任心。“明枪易躲，暗箭难防。”敌人是伪装成各色各样的人，他在暗处，我们的警卫是在明处，哪里有哨兵一眼就望见了。我们的警卫战士要具有高度的警惕性，防止和消灭各种“暗箭”。我们要求警卫部队，不仅要具备英勇献身精神，还要学会同隐蔽敌人做斗争的本领，既要心细如丝，又要不畏强暴。

另外，还要警惕和预防自然灾害，如火灾、抽烟失火、雷电起火、电线起火、地震、水灾等。

我们在做好人身安全保卫的同时，也注重政治保卫，维护政治影响。中南海有的岗哨有时拦住了中央领导同志的汽车，有时机关工作人员出入门卫也被门卫拦住，我们认为这是有关政治影响的问题。因此，教育每个哨兵要熟悉业务，记住首长的汽车牌号、姓名、特征及其他记号，尽力熟悉机关工作人员，便于他们出入中南海大门。

加强保密教育，一个革命军人如果丧失了革命警惕性，泄露了党和国家的机密，就等于向敌人缴了械，安全就没有保障，国家和人民的利益就要受损失。保密工作做得好，敌人搞不到我们党和国家的机密情报，就好比是个瞎子，找不到我们的目标。有失密、窃密，才要重视保密，做好保密工作，才能保证党和国家的安全。

中央警卫团誓死保卫党中央、保卫毛主席安全，做到了“五个忠于”，即忠于党、忠于毛主席、忠于祖国、忠于人民、忠于职守。新中国建立以后，一直没有发生过任何重大政治事故。

我大部分时间都在毛主席身边。内卫是 8341 部队一中队，无论是毛主席在中南海，还是外出到各省、市巡视都紧跟不离。

陈长江副大队长兼一中队中队长、李连庆指导员领导一中队的全体同志天天跟随毛主席。他们敬仰毛主席，热爱毛主席，对毛主席有着深厚的无产阶级感情。

毛主席一般是白天休息，晚上工作。这是从战争年代就养成的习惯，不易改过来了。但白天很难安静下来。那时，中南海里麻雀成群，噪声不断。一中队的同志想了好些办法保持毛主席睡觉时周围的安静。一个战士建议说：“铲草除根，捣毁麻雀窝。”经过几天的努力，附近的所有麻雀窝都不在了。麻雀失去了家园，不知道迁徙到什么地方去了，但中南海仍有不少鸟儿在乱叫。后来又采用土块打鸟的办法，把土块打上去，土散鸟飞，又没有响声。大家觉得这个办法最好，于是都用土块对付那些喳喳乱叫的鸟，效果还真不错，以后鸟儿也来得少了。

这时，一位战士写了一首小诗：

同志，
请你别吵，别跑，
我们的领袖睡觉了，
他昨夜开会一直到了拂晓。

风啊，
请你轻些，再轻些，
让领袖安静地歇一歇，
你看他前天办公到现在，
已有两天两夜。

小鸟，
请你别唱，别叫，
让领袖舒舒服服睡个觉，
下午他要接见先进工作者，
晚上还要做报告。

这首小诗表达了警卫战士对领袖毛主席的热爱。其实，毛主席也爱护着身边的警卫战士，毛主席熟悉的一些战士调走后，他还经常念及他们，如曾文、韩庆余等，都是在他身边工作时间较长的同志。毛主席每每提及他们，总是处于一种怀旧的留恋之中。

二、我 1933 年参加红军时，站第一班哨就在瑞金毛主席住所门口

1954 年的一天，我随毛主席去广州越秀山露天游泳池游泳。毛主席下游泳池游了一圈，上了岸。

毛主席问我：“你经过长征没有？”

我说：“我经过长征。长征开始时，我在红八军团保卫局侦察科，到了贵州黎平，被调到国家保卫局侦察科任科员。”

当时我没有说参加红军后站第一班哨，就在毛主席住所的大门口。这么多年来，我一直没有离开保卫党中央、保卫毛主席的工作岗位。

这里，我简单做一个历史回顾。

我 1916 年 2 月 5 日（民国五年）出生在江西省于都县葛坳乡新安子村。3 岁时父亲逝世，10 岁时大哥也去世了，是母亲把我带大。

1929 年，毛泽东、朱德领导工农红军解放了我们家乡，成立了胜利县政府、曲洋区政府、石灶乡政府，把农民都组织起来、武装起来，打土豪、分田地。毛主席领导下的赣南闽西中央革命根据地，粉碎了蒋介石发动的第一、二、三次反革命“围剿”。中央苏区得到很大的发展，到 1933 年，中央红军已有 8 万多人。

我于 1931 年加入共产主义青年团，当过儿童团长、少先队大队长、

乡共青团支部书记。为保卫苏维埃政权，我们放哨、查路条，防止白军特务混进苏区侦察情报，配合游击队打击进攻苏区的白军和靖卫团的破坏。1933 年 5 月，党中央提出扩大铁的红军 100 万人、粉碎国民党蒋介石对中央苏区第五次“围剿”，号召共青团员和青年踊跃参加工农红军。石灶乡由我带头，有 40 多人参加了红军少共国际师。同年 7 月，我被调往瑞金沙洲坝中华苏维埃共和国临时中央政府警卫连，担负保卫毛主席和政府机关安全的任务。

那时，王明“左”倾错误路线统治了我们的党，中央苏区的领导层很快发生了变动，先是成立苏区中央局机构，由项英代理书记，中共中央先后派项英、任弼时两人来到中央苏区，成为党的最高负责人。1933 年 1 月，中共临时中央政治局因在上海无法立足，迁移到中央苏区直接领导中央革命根据地的工作。中央苏区的红一方面军和所有地方部队均由中央革命军事委员会统一领导和指挥，毛主席原来担任的红军中的党的、军队的领导职务全部被剥夺了，只让他到瑞金中央政府任主席兼人民委员会主席，管政府工作。1934 年 1 月中旬，中央在瑞金召开六届五中全会，没有让毛主席参加会议，会上大批毛主席在土地问题上的一系列主张是“富农路线”，还对许多好干部进行批斗或给予撤职处分。后来，张闻天出任人民委员会主席，毛主席在政府的实权被进一步架空了。毛主席自失去兵权后一直到长征开始至遵义会议前，再没有回到军队中任职。在军事斗争压倒一切的形势下，毛主席的这种状况已经失去了在中央苏区的领导权和发言权。但是，毛主席在中央苏区有深厚的根基和群众威望，又是中央政府主席，所以他仍然享受苏维埃国家一级安全保卫的待遇。

中央政府警卫连成立后，边整训，边执行任务。这天，班长安排我上哨，这是我当兵以来站的第一班哨，没想到这第一班哨就站在了毛主席住所的大门口。我站在那里，手持着枪，感到既紧张又激动。

不多一会儿，毛主席拖着疲惫的身体出来了，他是到屋外面散步的。我心里反复默念：“毛主席，是毛主席！”

下哨后，我兴奋地对全班同志讲：“我今天见到毛主席啦！”

那时，毛主席细长个子，面骨突出，身体很弱很瘦，两眼充满了血丝，虽然如此，仍然显得炯炯有神。在战争年代的环境里，中央领导同志每天每人也只供给 12 两粮食、5 分钱菜金，生活非常艰苦，我们每天只能吃两顿饭。毛主席的身体状况显然属于营养不良。

4 月，中央决定从中央政府警卫连抽调一部分同志到红八军团，我被分配到军团保卫局侦察科任科员。5 月，部队由瑞金出发经过江西于都县，到兴国县崇贤前线，同国民党蒋介石的军队进行了几个月的激战。10 月上旬，部队从前线撤离，向于都开进。九九重阳节这一天下午，红八军团等部渡过于都河。从此，中央红军开始了二万五千里长征。

那时，不讲长征，而讲“大反攻”。反攻到什么地方？没有人讲。我们大家只是跟上部队，天天爬山。白天敌机侦察轰炸，大部分是夜间行军。夜间走路，人很疲劳，特别是青年人熬不了夜，走着走着，只要大队人马稍站一下，站着就睡着了。说来好笑，其实是真事，我个人就有好几次一站定就睡着了。遇上爬大山时，部队在白天准备点火用的竹子，到了晚上打着竹火把爬山。走到山顶上，再回头看后面部队的火把从山沟到半山腰就像一条蜿蜒的火长龙，真好看。

突破敌人第四道封锁线——湖南的湘江，部队损失极为惨重，红八军团几乎被打光了。中央红军打到贵州省，占领黎平县，部队进行了整编，八军团残部被分散到其他军团，军团保卫局的人调了一部分到国家保卫局。我被分在该局侦察科任科员。

中央红军占领遵义城后，1935 年 1 月 9 日，中央领导同志进城时，我参加了保卫中央领导同志和毛主席的入城仪式，参与了毛主席在老城府衙门广场向群众演讲的安全保卫。当时毛主席站在条凳上向群众讲话，我就站在他的侧前一点的位置。1 月 15 日至 17 日，又执行了三天遵义会议的安全保卫任务。

遵义会议确立了毛主席在党和红军中的领导地位，在极其危急的情况下挽救了党、红军和中国革命。

三、南巡中毛主席同我的一次谈话

1962 年 6 月，我随毛主席出巡南方。专列奔驰在江南大地上。在杭州至南昌的途中，毛主席把我叫进了公务车厢。他正躺在床上看一本线装书，见我去了，放下书，挥挥手："坐坐！"

毛主席叫我去谈什么，我心里没有底。但我早就知道毛主席对调走的战士很怀念，是不是要谈这件事情呢？于是我先向毛主席做检讨，说："毛主席，1959 年上级要我们一中队的人减少一点，我当时没有请示毛主席，把毛主席熟悉的同志调走了。"我接着说："像曾文这样一些同志调到什么地方了，我现在也不知道。若当时请示毛主席，就不至于发生这事！"

毛主席说："是呀，应该给我说一声嘛！有些同志天天见面，现在看不见了，很想念他们！"

毛主席呷了一口茶，然后点上一支烟，又说："这是小事，调走几个人，我这里的'墙'也垮不了。过去王明，就把'墙'推倒过。"

毛主席第一次给我讲了他在江西土地革命战争时期，党中央领导机关从上海迁移到中央苏区瑞金的情况。他说："28 个半（即 28 个半布尔什维克。当时在莫斯科中山大学，以王明为首形成的教条主义派别）统治了中国共产党 4 年之久，打着共产国际的旗号（中国共产党是共产国际的一个支部，受共产国际的领导），吓唬中国共产党，凡是不赞成的就要打，结果来了个二万五千里长征，把中央苏区搞垮了。

“那个时候，中央政治局开会，不让我参加（毛主席是政治局委员），只让我管点群众工作，毫无发言权。

“一直到了 1934 年 11 月，中央红军过了第四道封锁线之后，红军发生了行动方向问题。红军是要到湘西与贺龙会师呢？还是打到贵州去？按照原定计划，是要到湘西（经共产国际批准的）。在这拿不定主意的时候，他们在湖南通道召开了中央军委会议，这一回他们才请我去参加会议。在会上，李德、博古仍主张按原定计划向湘西方向进军。我当时就发言说：建议中央红军放弃与贺龙会师的计划，改变路线，不向湘西挺进，而挥师向西，尔后向北进入贵州。贵州情况要好得多，因为黔军力量较弱，类似在广西走廊遭受两面夹击的可能性极小。所以，红军在贵州有可能获得喘息的时间，以便整顿被打散的部队，研究今后的行动计划。而如果按原定路线前进，就会遇上蒋介石所埋伏好了的 20 万军队，一路上大山也多，我军就有被消灭的危险。”

毛主席点上烟，接着说：“我这么一说，朱德首先表示同意，接着，周恩来、王稼祥也表示了赞成。”

毛主席对这一段历史实在是记得太清楚了。他说，“那时候，党和红军处在危急关头。1935 年 1 月，党中央在遵义召开了政治局扩大会议，首先由博古作正报告，周恩来作副报告。”

毛主席扳着指头说：“我一个，朱德、王稼祥、张闻天、陈云等一些同志都在会上发了言。在讨论中，到会的很多同志对博古的报告很不满意。他对第五次反‘围剿’的失败讲客观原因多，讲主观原因少，也不承担责任。许多同志发言严肃地批判了李德、博古‘左’倾错误的军事路线，认为不解决错误路线问题，可能会使全军覆灭。当时朱德就说，李德在国民党蒋介石军队第五次‘围剿’中，命令红军打阵地战，其结果是丢掉了江西苏区，牺牲了很多人。最后，我们还是撤离了江西中央苏区。而西征开始的军事策略也是错误的，害怕接敌，仓皇逃跑，以致损失惨重。这也是中央的责任。如果继续这样领导下去，我们就不能跟着走下去了。”

毛主席呷了一口茶，说：“朱德讲到这里，王稼祥接上了。他说，同意总司令的看法，我重复一句，错误的路线必须改变，‘三人团’（博古、李德、周恩来）得重新考虑……他十分坚定地说，‘拥护毛泽东同志出来指挥红军。’这时候，张闻天也站了出来，他说，‘请问博古同志能再继续领导下去吗？我们中国的事情，不能完全依赖洋顾问，我们自己要有点主见。我完全赞成把军事指挥权交给毛泽东同志。’陈云也说，过湘江的教训不能再重演了，‘三人团’的领导必须改变。博古同志作为党的主要负责人，再继续领导下去是有困难的，希望大家慎重考虑。”

毛主席继续讲：“我说，第五次反‘围剿’失败的主要原因，最根本的是在制定战略战术上犯了‘左’倾的错误，如进攻时的冒险主义，防御时的保守主义，转移时的逃跑主义。指挥者只知道纸上谈兵，不考虑战士要走路，要吃饭，要睡觉，也不问走的是山路、平原，还是河流，只知道在地图上一划，限定时间赶到打，这样哪能打胜仗呢？这完全是瞎指挥嘛！”

毛主席谈得慷慨激昂。

谈到李德，毛主席说：“共产国际派李德到中国来当中国红军军事顾问，博古不懂军事，李德不了解中国革命战争的实际情况，就同博古结合在一起。博古把李德奉为最高顾问，指挥一切。第五次反‘围剿’的重大军事行动都是李德决定的，推行了一条错误的军事路线。

蒋介石调动了几十万军队，筑起了千万道封锁线，采取步步为营的堡垒政策。而李德、博古则以‘先发制人’‘六路分兵’‘御敌于国门之外’‘不丧失一寸土地’‘不打烂坛坛罐罐’的错误方针，同优势的敌人拼消耗，使自己陷入被动地位。”

在五次反“围剿”的严峻的残酷的战争中，中央领导人的决策者应该懂得中国革命战争的特点，在敌人兵力多、我军兵力少，敌军强大、我军弱小的情况下，应采取机动灵活的战略战术，保存红军有生力量，寻找机会歼灭敌人的一部分或敌人主力，粉碎敌人的“围剿”。但是，博古、李德不听同级干部和下级指挥员的正确意见，一意孤行坚持错误的作战方针，结果使红军主力越打越少，中央苏区的地盘越打越小。“左”倾错误军事路线使中央红军遭受了惨重的损失，丢失了中央苏区。

毛主席非常沉重地说：“中央红军撤离赣南闽西中央苏区时，有八万六千多人。突破敌人第四道封锁线，过湘江，红八军团被打垮了，红三十四师几乎全师覆灭，全军兵力损失了五分之三。到达贵州遵义城，中央红军只保持了四个军团的番号，一、三、五、九军团，实际上只有 16 个团，1 个干部团，还剩 3 万余人。几乎断送了中国革命的前途。”

毛主席说：“我们这个党啊，真是多灾多难！”

遵义会议后，决定由张闻天担任党的总负责，毛泽东、周恩来、王稼祥三人组成军事领导小组，负责指挥中央红军行动。新的三人领导小组一成立，情况就完全不一样了。

毛主席这次跟我谈话，我也提了一些问题。毛主席很高兴，他谈了 40 多分钟。

列车继续向南昌奔驰，我陷入了久久的沉思。毛主席这次谈话，对我是一次深刻的党的历史的教育。

四、毛主席站在板凳上即席讲话

1935年1月5日夜，中央红军红六团在团溪镇宿营。这个镇离遵义只有几十里路。1月6日清早，天未亮，红六团就起床了。这时，刘伯承总参谋长骑马连夜赶到红六团团部。他对红六团团长朱水秋、团政委王集成及全团指战员做了动员，说："下一步打什么地方，大家都知道。目前我们的处境还是比较困难的，要求我们仗要打得好，还要伤亡少，又要节约子弹，这需要我们多用点智慧才行啊！"

担任前锋的是第一营。营长曾保堂、团参谋长唐振旁走在最前头。唐参谋长在团溪镇上找老百姓打听情况，找到了一个小伙子。他原在"侯家军"里当过兵，知道沿途情况。他说，离遵义30里路，有个山口，"九响团"就驻守在那里，只有过了这一关，才能进入遵义城。

怎么叫"九响团"呢?

原来这个团上上下下都有一支一梭九发的"九连珠"毛瑟枪。号称那山口鸟也飞不过去。"九响团"的团长叫侯之担，人称"侯家军"。

朱水秋团长和王集成政委率领红六团在当日夜晚，悄然包围了"九响团"，三下五除二，"九响团"就被红军解除了武装。除打死的外，200多名俘虏畏缩在寒风细雨之中。接着，第一营换上"侯家军"的军装，带着几个愿意参加红军的俘虏，准备诈取遵义城门。怎样"诈"？

在这节骨眼上，刘伯承又冒雨赶到了，再一次对一营做了战前动员，指出应该注意的地方。他说：“遵义城里有敌人一个师，听说红军过了乌江，军心动摇。你们一个营先进城打敌人一个师，力量悬殊太大。但敌人是惊弓之鸟，一轰就跑。你们要有胜利的信心。同时要多用脑筋，多用智慧……”

天黑，又下着雨，一营马不停蹄，直奔遵义城门。

俘虏用贵州话喊开门。

城门上的哨兵问话：“哪一部分的？”

“九响团的。”被俘的“九响团”营长按照曾保堂的吩咐答道。

“‘九响团’不去守山口，跑这干什么来了？”

“红军打过来啦！”

“红军？红军不是还在乌江吗？”

城门上的那个哨兵叫来马排长，马排长用手电筒往下一照，见一群被雨水浇湿的穿“九响团”服装、挎“九连珠”的士兵。马排长盘问了一通，那位被俘的营长答得滴水不漏。于是，马排长下令打开城门。

1 月 7 日凌晨，城门开了，红军一拥而入。就这样不费吹灰之力，红军夺取了遵义城。

老百姓看着身着侯家军服装的队伍一个个面黄肌瘦，就怀疑他们不是侯家军。当得知真情后，老百姓说：“我看你们就不是侯家军，侯家军一个个都胖胖的！”并说：“我们非常欢迎你们来打倒侯家军，打倒王家烈！”

毛主席得知红六团智取遵义城，非常高兴。这是红军长征以来第一次占领比较大的中等城市。

毛主席幽默地说：“知道吗？附近就是夜郎国，有个夜郎自大的人物就出在这里。到了夜郎国了，我们胜利了，红军将士可不能夜郎自大啊！”

这是一座古老的城市，它的历史可以追溯到唐朝。唐王朝时代的贵州府就在这里设立县，此后，便不断扩大其规模，有城墙城门，楼阁玲珑。但这个地方在那个年代并不出名，唐王朝也许并不知道有这个地方，更不可能与洛阳、开封、长安相比。它之所以能扬名，是因为中央红军在这里经历过举世瞩目的历史性的转折。

为了严明中央红军纪律，扩大红军的政治影响，总政治部代理主任李富春同志积极做好政治工作，有针对性地为红军制定了《进遵义城八项注意》：（一）整齐武装服装。（二）不掉队伍。（三）不脱离部队，不自由活动。（四）到宿营地后出外要请假。（五）私人不准向群众借东西。（六）不乱买东西吃。（七）无事不要进群众家里去。（八）注意卫生，不乱屙屎尿。

为了保卫中央领导同志进遵义城的安全，国家保卫局局长邓发指示侦察科、检查科派几个同志先进遵义城，对城内敌特、社会情况进行调查了解，部署好进城时的安全保卫工作。

我们进了城，住在新城区，每天到老城区找街道居民、商店店员、小商贩和学生，对敌特及社会情况进行广泛的调查了解，并对逃离的原敌特、军、警、宪做了详细调查。一边调查了解，一边向群众宣传共产党的政策、主张，特别是向老百姓宣传红军的任务和性质。

军阀王家烈在贵州是一个土皇帝，横行霸道，欺压老百姓，无恶不作，老百姓早就恨之入骨，敢怒而不敢言。中国工农红军来了，老百姓非常高兴，热烈欢迎红军打倒王家烈。

1 月 9 日，遵义城喜气洋洋，街道的两边摆着烟、茶、糕点、酒等。群众早早列队站在街道两边，远远地等候毛主席和中央领导同志从他们身边经过。国家保卫局侦察科、检查科的同志身着便服，夹在群众中。国家保卫局特务队队员肩挎驳壳枪，排列在中央领导同志的前排和两侧，部队以三路纵队迈着整齐的步伐沿大街前进。群众看到中央领导同志走过来时都热烈鼓掌。一时间，锣鼓阵阵，鞭炮齐鸣，“欢迎中央红军到贵州来！”“打倒王家烈！”“打倒国民党蒋介石！”“打倒帝国主义！”“拥护中国共产党！”等口号声不绝于耳。中央领导同志满面笑容，频频向群众挥手致意，整个遵义城沸腾起来了。

进入遵义新城，过了桥，来到老城。毛主席经过府衙门向广场走去。瞬时，青年学生和市民转头涌进广场，到处都挤满了人。

毛主席注视着四周的人群，心情格外激动，看来他是要向群众讲话了。

广场没有讲台，我们马上搬来了一条长板凳，放在毛主席跟前。毛主席顺脚踏了上去，站在那上边向欢呼的人群挥手。当时，我就站在毛主席的身后，跟群众搅和在一起，密切观察着周围的情况，严防意外。

老百姓从来没见到过毛主席，他们分不清站在板凳上的是不是毛主席。

站在我身边的几个青年小伙子，指着板凳上的毛主席说：“他不像毛主席，在大街上看到的高鼻子才是毛主席！”

这些小青年，把在大街上看到的高鼻子李德当成了毛主席。

我听了后心里暗暗发笑。

毛主席站在板凳上向群众讲道：“中国工农红军来到贵州是要同你们一道，打倒统治压迫剥削劳动人民的军阀王家烈，打倒国民党蒋介石，解放全中国。”毛主席特别强调指出：我们劳动人民，为什么祖祖辈辈都是穷人呢？富人为什么那样富呢？这是因为有外来帝国主义的侵略和掠夺。国民党蒋介石不抵抗，实行“先安内，后攘外”的卖国政策，对内发动全面反共反人民的反革命战争。资产阶级、地主阶级、土豪劣绅对工人、农民、城市贫民实行残酷的剥削。国民党、各地军阀、党、政、军、警、宪所有的官员都是一群贪官污吏，是专门敲诈勒索工人、农民、城市贫民的吸血鬼，富了当官的和地主老财，穷了工人、农民、城市贫民。我们无产阶级长期以来都是受资产阶级、地主阶级、军阀官僚的压迫剥削。究其原因，最主要的是无产阶级没有自己的政权，没有自己的军队，人民没有自由说话的权利，因此穷人没有靠山。无产阶级有了自己的政权和军队，人民就有自由说话的权利，就有生存的条件。

毛主席站在板凳上，双脚一动不动，手却在不停地挥动着。他说：现在中国共产党领导的中国工农红军，是人民的子弟兵，是人民的军队，是为人民谋利益、求解放的军队。工人、农民和劳动人民要在中国共产党领导下，团结起来，组织起来，建立人民民主政权。青年人要踊跃参加中国工农红军，壮大红军的力量，坚决打倒国民党蒋介石，打倒王家烈，打倒帝国主义！

毛主席又说：中国工农红军要北上抗日，日本帝国主义侵占了我国东北三省，现在又准备向华北进军，要把中国变成日本帝国主义的殖民地。全国各党派、各方军队、各界人士和一切不愿当亡国奴的人们，只要愿意抗日救国的，我们共产党都欢迎！我们愿意同他们联合起来，一致对外，共同抗日，把日本帝国主义从中国领土上赶出去！

1月12日，我从国家保卫局侦察科调到国家保卫局特务队任班长，参加保卫遵义会议安全的任务。会议从1月15日至17日开了三天。会上对李德、博古的“左”倾军事路线严重错误进行了严厉的批评，并撤销了李德的军事顾问职务。在离开遵义时，上级把李德交给我班看护。邓发局长指示三条：（一）不要让他自杀了。（二）不要让他逃跑了。

（三）行军（特别是夜间）时和到达宿营地，对他都要跟得紧，看得严，不要发生问题。

我说：“保证完成任务。”

五、从雪山草地走向新中国诞生

毛主席经常同我们谈起红军过雪山草地的艰难日子，教育我们不能忘本，要保持艰苦奋斗本色。新中国成立初期，我们国家很穷，他对身边人员说：“人民共和国来之不易啊！我们现在虽然有些困难，但也不是二万五千里长征嘛，也不是雪山草地嘛！”毛主席不知有多少次向我们谈起中国工农红军过雪山草地的艰难。谈到动情之处，他就不由自主地流下泪来。我是一个从雪山草地上走过来的红军战士，我深深理解毛主席的这种心情。

红军是 1935 年 6 月开始过雪山草地的，我那时在国家保卫局，经常见到毛主席，对这一段历史，我一直记忆犹新。

我们经过的雪山很多，较有名的是“夹金山”。它位于四川、西康交界处，海拔 4000 多米，一上一下有 70 多里，山上终年积雪，有四五尺厚。长征时，我们在山上非常艰难地跋涉。毛主席和其他中央领导同志跟我们一样，忍受着难以想象的艰难，徒步爬上山。山上空气稀薄，严重缺氧，憋得人喘不过气来，浑身无力。历史上很少有人从这里走过，我们翻越大雪山是一个史无前例的壮举。红军于 6 月 7 日到达夹金山下，寒气阵阵向人袭来，大家穿上所有的衣服开始向茫茫雪山迈进，有的人从雪山上摔下去，过一会儿就被大雪埋没了。

过了夹金山，就到了四川北部懋功县（今小金县）的毛儿盖。部队在那里休息了十几天，准备干粮，寻找羊皮和羊毛，为过草地做准备。毛儿盖地处大草地边缘，八九月份的草地是雨季的高峰。我们经过草地时，时而下雨，时而下冰雹，时而又是雨雪交加，狂风怒吼。站在草地上，举目四望，茫茫一片荒凉，没有树木和房屋，没有人烟，没有一片干燥的土地，见不到一点人间的生机与活力，只有那些腐烂了的永远浸泡在污水中的野草，无边无际。

草地也有繁花锦簇的地方，但这样的地方往往就是陷阱，它的下面都是深不可测的沼泽。只要误入花丛，一分钟就会把你吞掉。红军要想在很短的时间里通过草地，是非常困难的。然而，就是在这样的境况下，每天仍要走七八十里路，我们在草地整整走了七天，在草地夜间露营六个夜晚。不仅要跟自然环境斗，同蒋介石和地方军阀斗，还要同张国焘错误路线斗。就这样，我们顶住了莫测的风暴，越过了无底的沼泽，战胜了饥饿的威胁，终于走出了草地，并在 1935 年 10 月 19 日胜利到达陕北吴起镇，同陕北红军与红二十五军组建的红十五军团胜利会师了！

在吴起镇，毛主席对肖锋等同志说："你们算过没有？我们离开江西中央苏区已经走了多少天啦？"他沉吟片刻说："到今天为止，我们一共走了 12 个月零 3 天，算起来，我们休息不超过 60 天，行军约 267 天，我们走过闽、赣、粤、湘、黔、桂、滇、川、康、甘、陕共 11 个省，我们已经走了二万五千里路程了。"大家听毛主席这么一算，都感叹不已。1967 年，毛主席说："什么叫长征？长征是打出来的，是逼出来的。"

中央红军在长征途中，路上共经历了 368 天时间，进行重要战役战斗 380 多次，几乎平均每天都有一次遭遇战。其中有 235 天白天行军、18 天夜间行军，只休息了 44 天。在长征路上平均每走 365 里休整一次，平均每日行军 74 里。共翻越 20 座大山，其中 5 座山终年积雪。渡过了江河 22 条，途经 11 个省，占领过大小城市 62 座，突破了 10 个地方军阀的封锁包围，通过了 6 个少数民族地区。

六、撤离延安，进驻北京

中央红军于 1935 年 10 月 19 日到达陕北吴起镇，胜利结束长征。党中央在陕北建立抗日革命根据地，成立陕甘宁边区人民政府，陕北成为中国革命新的起点。

从 1937 年 1 月党中央、毛主席进驻延安，到 1947 年撤离，在陕北工作、生活、战斗了 10 多年。这期间，党中央、毛主席领导全党全军和解放区人民进行了 8 年全面抗日战争，反对国民党蒋介石的反共反人民的国内战争，都取得了伟大胜利。特别是瓦窑堡会议、西安事变、整风学习和“自己动手，丰衣足食”的大生产运动，党的七大的胜利召开，使全党全军更加团结一致，组织性、纪律性大大加强，中国人民解放军的力量增强了，解放区扩大了。延安成为中国革命的灯塔，照亮了中国革命胜利前进的方向。延安为中国革命做出了巨大的贡献！

中国共产党和人民解放军力量的日益强大，一直是国民党蒋介石的一块最大的心病，他做梦都想消灭共产党和人民解放军及陕甘宁边区政府。

1947 年初，蒋介石亲自组织指挥调集 34 个旅、约 25 万大军分三路进攻陕甘宁边区。命令胡宗南率领 14 万大军气势汹汹直扑延安而来。天上飞机不断飞到延安上空进行侦察和轰炸。中央警备团有一个重机枪连能对空射击，便组成三个组，分布在延安的高山上担任防空任务。开始，敌机低空飞行，我们打了几次以后，敌机就不敢再低空飞行轰炸了。

正当边区军民准备为保卫延安与胡宗南决战时，党中央审时度势，做出了暂时撤离延安的战略决策。要放弃革命圣地延安，中央警备团有不少战士在思想上、感情上一时转不过弯来，他们说："我们要与延安共存亡，坚决保卫党中央、保卫毛主席，决不让胡宗南占领延安。"绝大多数指战员说："我们是保卫党中央、保卫毛主席的部队，要坚决服从党中央、毛主席的命令，党中央、毛主席指向哪里，我们就打到哪里！"

毛主席说："当天空中出现乌云的时候，不过是暂时的现象。黑暗即将过去，曙光就在前头。""蒋介石打仗是为了争地盘，占领延安他好开大会庆祝。我们打仗是要俘虏他的兵员，缴获他的装备，消灭他的有生力量来壮大自己。这样，他打他的，我打我的。等到蒋介石算清这笔账，后悔就晚了……失地是为了复地，为了全国的胜利。他胡宗南来延安，我们让给他，但他没有想到国民党蒋介石是兔子尾巴长不了啦……我们撤离延安，意味着要解放西安、解放南京、解放全中国，这就是战争的转折点。"

3月13日，毛主席接见从山西前来保卫延安的新四旅、教导旅的部分干部，向他们说明了党中央和中央军委决定撤离延安的战略意图与对敌斗争的策略。毛主席指出："胡宗南要来延安，那就让他来嘛，不只延安，东北、华北还有别的解放区，必要时我们暂时都会让一点地方给他们，让他们多背上几个包袱，他们背不动了，还是要给我们放下的。只要我们好好打几个大胜仗，不只是延安要回到我们手里，西安、武汉、南京、上海、北平也会回到我们手里。全中国都是人民的，都要回到人民手里。”

毛主席又强调：“作战不在一城一地的得失，主要是要消灭敌人的有生力量，才能保存自己，收复失地。‘存人失地，人地皆存；存地失人，人地皆失。’我们暂时放弃延安就是把包袱让给敌人背上，使自己打起仗来更主动更灵活，而敌人背的包袱越多越走不动，到那时，我们就能大量消灭敌人……将来人民会看到，蒋介石占领延安绝不是他的胜利，而是搬起石头砸自己的脚，他就要倒霉了。”

3月18日晚6时，中央警备团团长刘辉山、政治委员张廷桢、参谋长古远新和任政治处主任的我带领两个连与一个骑兵中队，保卫党中央和毛主席撤离延安。这时，胡宗南以10倍于我军的14万大军进攻延安，并集中了他的三分之二的空军对延安进行狂轰滥炸，妄想给中国共产党和人民解放军总部以致命的打击。

在一片枪炮声中，中央警备团保卫着党中央和毛主席安全地撤离了延安。

3月29日，毛主席、党中央机关来到陕北清涧县枣林村。中央政治局常委召开了一次扩大会议。五个常委做了分工：毛泽东、周恩来、任弼时率中央机关和人民解放军总部留在陕北前线为前委；刘少奇、朱德、董必武组成中央工作委员会，以刘少奇为书记，前往晋西北或其他适当地点，进行中央委托的工作；中央直属机关在山西临县三交镇为后委，由叶剑英、杨尚昆负责。

1947年3月19日，胡宗南占领延安后，各解放区的领导同志打电报，请党中央、毛主席迁移到晋西北、太行等比较安全的地方指挥全国的解放战争。中央常委朱德、任弼时也建议党中央、毛主席东渡黄河迁移到晋西北、太行等地，因为那里相对安全，也便于指挥全国的解放战争。

毛主席对他们的建议非常理解。但是，他从全局考虑认为，他不能离开陕北，坚持要留在陕北前线，说："我留在陕北前线，才能拖住胡宗南，减少其他战场上的压力，有利于别的战场打胜仗。现在我们面临的任务很多，但是，第一位的是要在军事上打败国民党蒋介石，没有这一条，其他一切都无从谈起。"

毛主席又说："这个时候中央离开陕北，陕北人民会怎么想？全国人民会怎么想？中央红军长征以后，我们的党像孩子生了一场病，是延安的小米、延河的水使我们恢复了元气，使革命站稳了脚跟。前天离开延安时，一位老房东跑来问我：延安的小米香不香？延河的水甜不甜？我无言以对。至于安全问题，哪里人民拥护我们，哪里才有安全。陕北人民好，陕北的地势也好，回旋余地大，安全是有保障的。"

毛主席坚持留在陕北，讲了两条理由："我们在延安住了 10 多年，一直处在和平的环境中，现在一有战争就要走，我无颜对陕北乡亲，日后也不好见面。我决心和陕北人民在一起，不打败胡宗南绝不过黄河！我不离开陕北前线还有一个理由，胡宗南有 20 多万人，我军只有 2 万多人，陕北战场敌我兵力对比是 10 比 1，我们的其他战场要好得多，敌我兵力对比不这么悬殊，常委分工要我负责军事，我不在陕北前线，谁在陕北前线？现在好几个解放区刚夺得主动权，我留在陕北前线，蒋介石就不敢把胡宗南投到别的战场上去。我拖住他的'西北王'，其他战场上就可以减轻点压力。"

毛主席最后说："留给我们四个半连，其余的人立即过黄河。"

朱德同志说："这不行，太少，武器装备不好，我们不放心。"

刘少奇同志说："再调一个团吧。"

毛主席说："只留四个半连，兵要到前线去消灭敌人。我们靠陕北人民，靠自己保卫自己。"

3 月 25 日，我军在青化砭仅用 1 个多小时，就将敌 31 旅旅部和 92 团 3000 余人全部消灭了，活捉旅长李纪云。

4 月 14 日，我军在羊马河歼敌 135 旅 4700 多人，活捉代旅长麦宗禹。

5 月 4 日，我军在蟠龙镇歼敌 167 旅 7000 多人，活捉旅长李昆岗。蟠龙是敌军的重要战略补给站，物资、弹药、粮食等堆积如山。蟠龙战役沉重地打击了胡宗南，为我军充分地补给了物资。

5 月 14 日，安塞县真武洞镇上人山人海，陕甘宁边区军民在这里举行庆祝“三战三捷”（青化砭、羊马河、蟠龙三个战役大捷）大会。周恩来副主席在群众的欢呼声中宣布：“党中央还在陕北！毛主席还在陕北，毛主席在陕北继续指挥我们战斗！毛主席要我转告大家，他要和边区军民一起战斗，与陕北人民同甘苦，共患难，一天不打败胡宗南，毛主席就一天不离开陕北。”

祝捷大会后，胡宗南得知毛主席还在陕北的消息，大吃一惊，不住地叨念起毛主席在延安窑洞里留给他的话：“势成骑虎，进退两难。”

蒋介石知道毛主席还在陕北，气得大骂胡宗南“太无能了，竟连中共首脑在哪里都搞不清楚”，并下令胡宗南：“即使损失三个师，也要生擒毛泽东！”

1947 年 4 月，毛主席转移到靖边县王家湾（今安塞区），这是一个紧贴半山坡，只有十几户人家的小山村。

这时，国民党军刚得到美国提供的新式无线电台“测向仪”，从测向仪获悉，陕北靖边县王家湾一带有一个强大的电台群。胡宗南认定毛主席就在这里，立即命令军长刘戡率四个半旅，“快速偷袭王家湾，活捉毛泽东。”

毛主席、中央机关在王家湾，只有中央警备团四个半连的兵力保卫，周围几十里远的地方都没有我军其他兄弟部队，形势十分紧张，十分险恶。

毛主席、周恩来、任弼时对着地图研究对策。毛主席说："敌人的企图无非是三个：一是要把中央机关消灭在这里；二是要逼中央机关过黄河；三是要把中央机关赶到沙漠地区饿死我们。我的想法是：敌人从东来，我们向西走；敌人从北来，我们向南走。大路通天，各走一边。我们不能向东走，要向西走，向靖边城内马鸿逵的部队靠拢。我们避开刘戡，利用马鸿逵的地方主义，走一段沙漠地带。胡宗南想要我们向东走，我们偏偏要向西走。天下的路多得很，他走他的大川，我走我的沙漠。谁消灭谁，咱们走着瞧。"

6月8日，毛主席一行离开王家湾，从一条小路出来，向西爬上山梁一直往西走。走了一段山路，下起了大暴雨，山洪暴发，道路泥泞，人和马行走都很困难，不能骑马走了。毛主席下了马，和大家慢慢地步行，走了一整夜，天亮后还继续向前走，又走了20多里路，才来到小河村，离王家湾只有40多里远。在这里休息了几个小时。毛主席、中央机关和部队来到天赐湾，不再向前走了，把中央机关、部队分散隐蔽在山沟里，严密监视敌人的动向。

6月9日，刘戡率领四个半旅偷袭王家湾，却扑了一个空。第二天，刘戡命令部队顺着马蹄印向西北方向火速追击，要一个山头一个山头严密搜索前进。赶到小河村，未发现任何情况，又继续前进。当敌人的先头部队接近天赐湾时，毛主席和中央机关与敌人仅相隔一座山梁，形势万分危急。

毛主席、周恩来、任弼时对着地图分析敌情。毛主席说："我们现在所处的位置恰好是胡宗南与马鸿逵管界的结合部，胡、马钩心斗角，正好我们钻空子。只要我们沉住气，敌人不一定会发现我们。"为了应付意外事变，毛主席、周恩来、任弼时做了最坏准备，商定三人从三个方向突围，哪怕一个人突出去也是胜利。

这时，汪东兴同志报告：“敌人离我们只有四五百米远了。”毛主席说：“只要敌人没有发现我们，就是到了眼皮底下也不准开枪。”

此时，远在陇东地区的彭德怀司令员，从敌台广播中听到胡宗南集中兵力偷袭毛主席的“昆仑纵队”，立即派王震旅长率一个旅（其中有一部分是骑兵），并命令三边和绥德地方部队及游击队全部火速出动支援，务必保证党中央和毛主席的安全。他们接到命令后，连夜强行军赶到了天赐湾，从敌人的侧面和背后突然向敌发起猛烈冲击。刘戡被王震旅长的骑兵部队吸引住了，他下令部下追击骑兵部队。就这样，刘戡的部队全部跟着退出了天赐湾。“昆仑纵队”解围了。

毛主席转战陕北到天赐湾，是西行的最“终点”。当他知道敌人退出了小河村，周围没有敌人时，便决定马上去小河村，在那里住下来。

7 月 25 日，毛主席在小河村主持召开了中央前委扩大会议。会议中心议题是“如何进一步组织和发展战略进攻的大事”，到会的有贺龙、彭德怀、林伯渠（陕甘宁边区人民政府主席）、陈赓、习仲勋、王震、杨尚昆、张宗逊等。

在会上，毛主席开头讲了全国各战场的形势，然后提出：“我们不能等到敌人的进攻被完全粉碎了，人民解放军在数量上、装备上都超过敌人时再展开战略反攻。我们必须立即转入进攻，主力要打到外线去，把战争引向国民党统治区。”抗日战争打日本帝国主义，我们运用持久战。现在美国出钱出枪帮蒋介石来打我们，我们对付蒋介石不能拖，要争取在五年内打垮蒋介石，建立新中国。

周恩来讲了刘、邓大军的情况，说：“早在 6 月 30 日，刘伯承、邓小平遵照中央军委的指示，率领晋冀鲁豫野战军主力 4 个纵队、12 万多人强渡黄河，发起鲁西南战役，从而揭开了人民解放战争战略反攻的序幕。现在刘、邓大军正准备挺进大别山，向蒋介石的胸膛插上一把尖刀。”“陈赓同志，你们兵团掉头向南渡过黄河挺进豫西。这样，东可以威胁洛阳，支援刘、邓南下，西可以威胁西安，牵制陕北的敌人。”陈赓同志说：“我完全同意中央军委的英明决策。”

周副主席又说：“陈、粟华东野战军向豫、苏、皖挺进。陕北、山东一齐动手进行配合。毛主席把这个战略部署称为‘三军配合、两翼牵制’。”

彭德怀司令员说：“这个战略部署好。我们西北野战军打榆林，诱敌北上，把胡宗南拖得筋疲力尽，然后再寻找战机吃掉他一大块肥肉。保证陈赓同志顺利渡过黄河，挺进豫西。”

任弼时同志说：“为了配合你们，‘昆仑纵队’也要向榆林前进。”

小河村会议后，彭德怀司令员决定要在沙家店打个大胜仗，消灭钟松的整编第36师。作战计划报送中央军委，毛主席、周副主席、任弼时研究后批准了这个计划。毛主席说：“沙家店打得好，我们就转危为安，不走了；打不好，我们再向西走，准备进沙漠。”

彭德怀司令员不久向毛主席汇报了敌36师被围的情况及我军指战员的战斗决心。毛主席听了彭总的汇报说：“好！一定要抓住他。向全体指战员讲清楚，这是对整个战局有决定意义的一战。要坚决、彻底、干净、全部地消灭敌人，不让一个跑掉。打好这一仗，我们的日子就好过了。”

8月20日拂晓，围歼敌36师的战斗打响了，中午1点钟，彭德怀司令员发出总攻命令。战斗打到天黑时，敌师长钟松看到大势已去，急忙找到165旅旅长李日基连夜逃跑了。至此，敌整编36师6000多人全部被歼灭，活捉123旅旅长李子奇。西北野战军取得了沙家店战役的大胜利。

8月23日，毛主席、周副主席、任弼时来到西北野战军司令部驻地前原村，祝贺沙家店战役取得了胜利。彭德怀、习仲勋、张宗逊、王震、许光达等同志远远来到村口迎接。毛主席见面第一句话就说："打得好啊！"彭德怀同志说："是党中央、毛主席领导得好！"毛主席一边同大家握手，一边说："是彭老总指挥得好，是广大指战员英勇作战的结果。"

毛主席来到屋里坐下说："沙家店这一仗确实打得好，对西北战局有决定意义。陕北战争最紧张、最困难的时期已经过去了，战争的主动权握在我军的手里。"

说到这里，毛主席习惯地扳起指头数着："青化砭、羊马河、蟠龙、沙家店整个凑起来，已经吃掉他六七个旅，打垮了胡宗南自命的'常胜军'，活捉了他'四大金刚'中的三个：何奇、李昆岗、李子奇，他只剩下一个李日基。"

毛主席又说："沙家店一战把敌人的嚣张气焰完全打掉了。形势对我军很有利。我们找机会再打几个这样的漂亮仗，到那时，陕北的敌人就没有立足之地了。"

9月1日，毛主席为中共中央起草关于解放战争第二年的战略方针的指示：我军第二年作战的基本任务是，举行全国性的反攻，即以主力打到外线去，将战争引向国民党统治区域，在外线大量歼灭敌人。

10月，彭德怀司令员率领西北野战军向南挺进，横扫黄龙山区，在猛烈攻击下相继收复延长、延川、清涧三县城，活捉敌新编76师师长廖昂。紧接着，在宜川又打了大胜仗，敌29军军长刘戡被打死……周恩来说："刘戡在陕北追了我们快一年了，我们走到哪里，他就跟到哪里，想搞掉我们中央机关，现在他把自己搞掉了。本想活捉他，向他算算账，不料打死了，算是便宜了他。"

绥德、瓦窑堡之敌闻风逃走了。至此，除延安、甘泉、富县几个孤立据点暂时还被敌人占领之外，陕北被胡宗南侵占的县城都回到了人民手里。

1947年3月19日，胡宗南侵占了延安。1948年3月21日，延安重新回到了人民手里。

8月26日，党中央、毛主席来到陕北葭县杨家沟，在这里住了一个多月。11月，来到米脂县杨家沟（两个村庄同名）。

12月25日，中央召开了十二月会议。到会的有部分中央委员和候补中央委员，还有陕甘宁边区和晋绥边区等负责同志。头一天，毛主席做了《目前形势和我们的任务》的报告。当他说到中国革命已经到了历史转折点的时候，会场上响起热烈的掌声。“中国人民解放军已经在中国这一块土地上扭转了美帝国主义及其走狗蒋介石匪帮的反革命车轮，使之走向覆灭的道路，推进了自己的革命车轮，使之走向胜利的道路。这是一个历史的转折点。这是蒋介石的二十年反革命统治由发展到消灭的转折点……这是一个伟大的事变……这个事变一经发生，它就将必然地走向全国的胜利。”

毛主席的报告深刻地阐明了这个事变的伟大意义，以及在打倒蒋介石反动统治集团、建立新中国时期内，党在政治、军事、经济各方面的全部纲领，给人民以巨大的鼓舞和信心。

会议的第二天（12月26日），是毛主席54岁生日。在这之前，各解放区发来电报，有的要为毛主席祝寿，有的说要打几个漂亮仗，并部署好了战役计划，要求中央批准，但都被毛主席拒绝了。他说：“如果不是给我祝寿，我可以批准，为我个人，我不能批准。为我祝寿打漂亮仗，不为我祝寿就不打漂亮仗了吗？”大家觉得，外地不为毛主席祝寿是可以的，可我们是中央机关在毛主席身边工作的同志，只有几百人，为庆祝 1947 年的伟大胜利，还是要求为毛主席祝寿。各大队负责同志还专门来汪东兴处开会研究了这个问题。汪东兴知道毛主席拒绝了各地的要求，再提祝寿的事，毛主席肯定不同意。大家又提出不举行仪式，只要开个晚会，和毛主席见见面就行了。

在大家的要求下，汪东兴去找周恩来报告，请示怎么办？周恩来说："我看毛主席不会同意的，大家再要求，你去和毛主席商量一下。"汪东兴去向毛主席报告时，工作人员悄悄地做了一些准备。如果同意，请一些负责同志陪毛主席吃顿便饭，再请晋绥军区贺龙司令员派来的剧团演一场戏。但是机关同志们的这一要求，也被毛主席拒绝了。

毛主席举出三个理由："一是战争时期，许多同志为革命的胜利流血牺牲，应该纪念的是他们，为个人祝寿，不太合情理。二是部队和机关的同志没有粮食吃，搞祝寿活动，这是让我脱离群众。三是才 50 多岁，如果不被胡宗南打死，还大有活头，更用不着祝寿。"除了这三条理由，他又做了三条规定："一不许请客吃饭。二不许唱戏。如果剧团来了，过几天再演，先给老乡看也可以。三不许开大会。大家想和我见面，想请我讲话，随时都可以，不一定非要祝寿才这样做。"

1948 年 3 月 10 日，周恩来同志在杨家沟一个小操场上向中央机关全体同志郑重宣布："一年来敌我力量对比已经发生了根本性的变化，国民党的总兵力由 430 万人减少到 360 万人，而人民解放军的总兵力已上升到 280 万人（正规军），而且士气高昂。毛主席敏锐地看到对国民党战略决战的时机已基本成熟，党中央坚持在陕北的任务已经完成了。为了准备迎接即将到来的全国范围的胜利，党中央决定东渡黄河，前往河北西柏坡，与中央工作委员会会合，共同完成夺取全国胜利的历史任务。"

党中央、毛主席留在陕北前线，这是一个英明的战略决策，它既稳定了人心，也鼓舞了士气，在政治上和军事上都具有重要意义。同时，借以牵制胡宗南的主力，减轻了华北、山东等战场我军的压力，有利于刘、邓大军挺进中原，早日转入全国规模的大反攻。全国最高统帅部有意放在战争最前线，这在世界战争史上也是罕见的。

中央政治局常委决定：毛泽东负责组织指挥全国解放战争，他是全军最高统帅。周恩来副主席协助毛主席的工作，他是全军副统帅。

党中央、毛主席转战陕北，历尽艰险，在前半年是最紧张的，先后进驻过 12 个县的 37 个村庄，有力地指挥了中国人民解放军从战略防御转入战略进攻，使中国历史发生了伟大的转折，为解放战争的胜利开辟了一条光明的坦途，迎来了新中国的诞生。

3 月 23 日早晨，毛主席来到了吴堡县的渡口，为防敌机袭击，渡河时间改为下午。这是一个永远有纪念意义的日子。这一天，是党中央、毛主席转战陕北历时一年零六天的最后一天，也是陕北人民欢送党中央、毛主席东渡黄河的日子。毛主席、周副主席、任弼时等中央领导同志的心情都很不平静，在陕北延安工作、生活、战斗了 10 多年时间，同陕北人民群众结下了深厚的情谊。今天就要离开了，怎么能不别情依依呢?

4 月，毛主席东渡黄河到达太行山下一个村庄阜平县城南庄，在这里工作生活了一段时间，并开会决定了很多大事。毛主席在会上对大家谈了关于解放战争的想法，说：“抗日战争打日本帝国主义是运用持久战，解放战争打国民党蒋介石不能拖得太久，解决得越快越好。第一步，先解决东北、华北。为了引开国民党的力量，让刘、邓大军出大别山，陈、粟大军来配合。第二步，一野（彭德怀）到西北、西南去。华北除抽调部分兵力增援西北、西南外，其余都留在华北地区。不打倒蒋介石，完不成建立新中国的任务，谁也不能去见马克思。马克思在天之灵会保佑我们的啊！”

毛主席忽然谈到了他的生活习惯：“我多年养成了白天睡觉、夜间工作的习惯，想改变这个习惯看来很困难。如果再过若干年，我告老还乡，这种夜间工作没有对象了，没有目的了，到那时，就会改变这种习惯。否则是改变不了的。”

毛主席养成了一种习惯，饭前、饭后或工作累了，总要出去散散步。但到了城南庄后，一直工作很紧张，连散步的时间也没有了。大家担心他的健康，就想叫他出去散散步。

一天，刚吃完晚饭，毛主席又继续工作起来了。阎长林走到毛主席跟前说：“毛主席，你来城南庄已经好多天了，你一直在屋里工作，也不出去散散步。”毛主席说：“我这个人是喜欢散步的，但散步也需要有条件，这个条件就是要有空闲的时间。这几天事情太多，没有空闲的时间，也就顾不上散步了。”阎长林又说：“活动活动对身体有好处，时间长了不注意运动，会影响健康。”毛主席说：“我的身体很好嘛，这点你们不用担心。从明天起，咱们就可以出去散步了。”

另外，毛主席在城南庄还遭到了国民党飞机的轰炸，在千钧一发之际，毛主席安然无恙。

5月27日，毛主席来到平山县西柏坡。当天晚上，毛主席主持了中央书记处会议。毛泽东、周恩来、刘少奇、朱德、任弼时五大书记都到了会。

9月8日至13日，毛主席在西柏坡召开了一次重要会议。到会的有政治局委员，十几位中央委员、候补中央委员，以及华北、华东、中原、西北党和军队的主要负责人。这是日本投降以来到会人数最多的中央会议，史称九月会议。

这次会议上，毛主席提出：“战略方针是军队向前进，生产长一寸，加强纪律性，革命无不胜。由游击战争过渡到正规战争，建军五百万，歼敌五百个旅，五年左右根本打倒国民党蒋介石。”这实际上就是对各大战略区打大规模歼灭战下达了动员令，他为后来的三大战役及渡江作战下达了动员令。会议要求将一切可能和必须集中的权力集中于中央代表机关手中，加强中央的统一领导，为夺取全国政权创造了思想上、组织上的必要前提。

1949 年 3 月 23 日，党中央和毛主席离开河北省西柏坡，11 辆吉普车、10 辆大卡车组成车队，向北平开进。在当时来讲，这可是最大的阵容了。然而，就是这些车队，运载着胜利，运载着中国共产党的不屈精神，运载着人民共和国的诞生。人们的脸上充满着喜悦，就要进北平了，谁不为之而兴奋不已啊！走在前面的是带路的吉普车，第二辆就是毛主席乘坐的中型吉普车。

路上，毛主席兴致很高，对卫士说：“1947 年 3 月 18 日，我们撤离延安。1948 年 3 月 22 日，由陕北米脂县杨家沟出发，向华北进军。今天是 1949 年 3 月 23 日，与 1948 年 3 月 22 日只差 1 天，我们又向北平前进了。3 年三次大的行动都是在 3 月份，明年的 3 月份应该是解放全中国了。等全国解放了，我们再也不搬家了。”

毛主席还说：“中国革命战争的胜利，是靠军队打出来的，我们的军队从无到有，从小到大，从弱到强，直到取得今天的胜利，这一切都是在山区和边沿地区敌人不注意的地方，敌人不愿意去和去不了的地方发展起来的。因为我们中国人民解放军能吃苦，能克服一切困难，才会有今天的胜利。

“……我们以山区为根据地，小米加步枪，在党的领导下，发动群众、组织群众、建立武装革命军队，这就叫作以武装的革命反对武装的反革命，以农村包围城市，以少胜多，扩大战果，最后夺取城市，取得全国的胜利。”

毛主席的这些话，对大家的教育很大，话虽然不多，却概括了今天的胜利所走过的道路。这是几十年革命经验的总结，是毛主席运用马列主义理论与中国革命具体实践相结合的生动体现。

本来五大书记的分工中，由毛泽东在周恩来的协助下负责全国的军事指挥。九月会议后，毛主席说：“现在到了最后决战的阶段，仗要越打越大了，都是关系全国全局的大仗。不要还是我一个人说了算，重大决策要集体研究决定。”

从辽沈战役、淮海战役到平津战役，历时四个多月，负责同志一直都是在毛主席那间不到20平方米的办公室里度过的，最后取得了三大战役的伟大胜利。

九月会议后，毛主席集中精力投入东北战场。因为他心中筹划的几场大战，首先在东北大规模地展开了。

辽沈战役开始，毛主席决定打锦州，这个决心是不好下的。打锦州就是摆出了关门打狗的态势，就是下决心用差不多同样的兵力一举吃掉敌人40多万人的大军。毛主席面对的不单是国民党蒋介石的几十万大军，而且还要考虑林彪的意见。

林彪顾虑先打锦州会被锦西和沈阳之敌合围攻击，使我军骑虎难下。他更多的是从东北这个战略区考虑问题，仗怎么好打就怎么打，自然是从北往南追着打容易得多。

但是，毛主席是从全国全局考虑问题，不能让关外的敌人跑入关内。他需要的不是一般的胜仗，而是前所未有的大歼灭战！为此，毛主席前后发出了77封电报，说服林彪，并命令林彪撤离长春，南下北宁线，强攻锦州，以便全歼东北之敌。

一天，毛主席露出笑容说：“蒋介石飞到沈阳了，这下子我们的胜利就更有了把握。”

锦州解放，整个辽沈战役也就势如破竹。

辽沈战役从 1948 年 9 月开始，历经 52 天，全歼国民党军东北重兵战略集团 47.2 万余人。东北全境解放了，圆满实现了毛主席制定的将国民党军队封闭在东北各个歼灭的伟大战略决策，取得了战略决战的第一个伟大胜利。

淮海战役从 1948 年 11 月 6 日开始，至 1949 年 1 月 10 日结束。中国人民解放军向杜聿明集团发起攻击，全歼敌军 1 个“剿总”前进指挥部、2 个兵团部、8 个军部、20 个师，杜聿明被俘，邱清泉被击毙，仅李弥只身逃走了。

淮海战役，历时 66 天，歼敌共计 55.5 万余人。至此，长江以北的国民党精锐部队已经基本歼灭。中国人民解放军 66 万人，打败了国民党军队 80 多万人。

天津战役，1949 年 1 月 14 日开始，中国人民解放军 34 万人仅用 29 个小时，就取得歼灭天津守敌 13 万人、生俘陈长捷以下将官 28 人的伟大胜利，宣告了天津的解放。

在北平，1 月 22 日，傅作义所属 2 个兵团部、8 个军部、25 个师和非正规军 25 万人放下武器，撤出北平，到指定地区进行和平改编。

2 月 3 日，根据毛主席指示，中国人民解放军举行进驻北平入城式。

平津战役，历时 64 天，共歼灭和改编国民党军队 52 万余人。

不久，绥远国民党军队又有 5 万多人起义，编入中国人民解放军。华北全境解放了。

辽沈、淮海、平津三大战役从 1948 年 9 月开始，到 1949 年 1 月结束，共歼灭国民党正规军 144 个师、非正规军 29 个师、154 万余人，其规模之大、歼敌之多，在中国战争史上和世界战争史上都是罕见的。

经过三大战役后，国民党蒋介石赖以维持其反动统治的主要军事力量基本上被摧毁了，中国革命战争的胜利已成定局。

1949 年 4 月的渡江战役，在中国历史上，在毛主席的心目中，占有极其重要的地位。如果说辽沈、淮海、平津三大战役是解放中国北方，并从战争的全局上夺取主动权的，那么渡江战役则是解放南方，从根本上战胜国民党蒋介石反动派。

中国人民解放军百万雄师过长江，很快解放了南京，占领了许多大城市。

1949 年 4 月 23 日，解放军占领南京。毛主席写了首七言律诗《人民解放军占领南京》：

钟山风雨起苍黄，百万雄师过大江。
虎踞龙盘今胜昔，天翻地覆慨而慷。
宜将剩勇追穷寇，不可沽名学霸王。
天若有情天亦老，人间正道是沧桑。

用三个年头（不到三年）的时间，中国人民解放军坚决战斗，打败了国民党蒋介石反动统治集团，把蒋介石反动派赶到台湾岛上去了。

1949 年 10 月 1 日，在北京天安门城楼上，毛主席宣布：“中华人民共和国中央人民政府今天成立了！”这是中国人民革命战争的伟大胜利！是中国共产党的伟大胜利！是毛主席军事思想的伟大胜利！

1950 年 2 月，毛主席在哈尔滨，回顾陕北战场这一段历史时，非常自豪地说：“胡宗南进攻延安之后，我在陕北和恩来、弼时同志在两个窑洞里指挥了全国性的解放战争。”

周总理接着说：“毛主席是在世界最小的司令部里指挥了世界上

最大的人民解放战争。人们说，这是世界战争史上的一大奇迹。这个奇迹为什么会发生呢？因为有伟大的党、伟大的军队和伟大的人民。而领导我们党、军队和人民的是以毛泽东同志为首的党中央。”

毛主席进北平城后，于 1949 年 9 月 21 日从香山双清别墅移居中南海菊香书屋居住。他成了中南海的主人，他为社会主义建设和发展日夜操劳，费尽了心血。在我跟随毛主席的岁月里，他的工作精神、学习劲头都使我非常感动。他在百忙之余还孜孜不倦地看大量材料，审批党、政、军报送的文件，读书看报。战争年代是这样，和平建设时期更是见缝插针，博览群书，学以致用。

毛主席说：“读书使人聪明。”“我一生最大的爱好是读书。饭可以一日不吃，觉可以一日不睡，书不可以一日不读……没有书就没有我毛泽东。”

毛主席读书的范围十分广泛，从社会科学到自然科学，从古代的到近代的，从中国的到国外的，包括哲学、经济学、政治、军事、历史、地理、文学、外语等。在浩如烟海的书籍中，毛主席最喜欢阅读《共产党宣言》，马克思、恩格斯、列宁的著作，以及哲学、中国历史、中国古代文学。他读古书是从传统文化遗产中汲取丰富的思想营养，批判地继承其中大量积累的民族智慧和治国经验。许多书他都看了好几遍，做了不少标记和批注。《资治通鉴》他读了 20 多遍。有一次，他指着《资治通鉴》说：“书中自有黄金屋。书中也有古为今用的治国策，我们新生的中华人民共和国同样需要这些啊。关键是要开窍。”

毛主席还说：“没有什么了不起的，十二寡妇征西，走了多远的路？写在史书上就了不起啦，还有征东的，征南的，征北的，都未创造过红军的壮举。”毛主席谈这些话时，非常自信，显然这种自信是从书中获得的。毛主席有一个习惯，每到一个地方，必先做两个方面的调查，一是向人做调查，询问当地的政治、经济、文化、人民生活等现实情况；二是向书本做调查，了解当地的历史情况、地理沿革、文物掌故、风土人情以及古人写的有关当地的诗文。上海、杭州、武汉、广州、成都、庐山等地图书馆，都留下了毛主席借书的记载。

书在毛主席的生活中实在太重要了，书成了毛主席的伙伴。他常常手不离书，躺在床上要看书，吃饭要看报，上厕所要看书。在他的卧室里，床上三分之一放的是书，三分之二才是他睡觉的地方，床头上面还要放一些书。会客厅、厕所里，到处摆满了各种各样的书籍，在厕所里放着由他自己选定的书籍和铅笔。外出巡视工作，我们则要帮他带上两三箱子书，以便供他选用。他每天除了工作、睡觉外，其余时间抓紧看书学习。一年到头从不休息，甚至生了病还坚持看书学习。他认为看书就是休息。例如，1962 年 12 月，我随毛主席到江西南昌，他患了重感冒，发烧 39 度，我几次去他的卧室看望，他都拿着书聚精会神地躺在床上看着。我劝他："毛主席！你发烧了，要多休息，不要看书了。"毛主席说："哎！看书也是休息啊。"在他生命的最后四年中，身体出现了许多严重问题，从 1972 年开始，严重支气管炎一到冬季就发作；患肺心病，说话吐字不清；老年白内障，写字重叠，看书困难，就找人读给他听（他的听力好，头脑清醒）。毛主席跟书籍可以说是形影不离，书是毛主席的精神食粮，书成了毛主席生命的一部分。

另外，毛主席还特别关心警卫战士和身边人员的学习。

毛主席经常说："你们要好好学习，抓紧工作以外的时间多读点书，多学习点知识。"

毛主席还说："一个人有渊博的学问和丰富的知识，就能站得高一些，看得远一些，战略眼光就广一些；没有学问，如在暗沟里走路，摸索不着。那会苦煞人。

“要善于学习，善于独立思考。

“青年人正是用脑子汲取新知识的时候，应多读多想，知识多了就会聪明。

“要多看些文学方面的书，文学方面的书包括很广，知识很丰富，里面反映社会情况，里面有历史，有风俗习惯，还有各种人物。对社会了解得多一些，也会增强对事物的分析能力，多看书会使你聪明。”

毛主席要我们看《红楼梦》《三国演义》。他说：“《红楼梦》也是写的斗争，写了两派，一派好，一派不好。贾母、王熙凤、贾政，这一派不好；贾宝玉、林黛玉、丫鬟们，这一派是好的。不读《红楼梦》就不知道什么是封建社会，那里写了贪官污吏，写了皇帝王爷，写了大小地主和平民奴隶。大地主是从小地主里冒出来的，麻雀虽小，五脏俱全。看了这本书就懂得了什么是地主阶级，什么是封建社会，就会明白为什么要推翻它。”

毛主席经常向我们谈道：“没有文化，就没有知识，多读书使人聪明。有了文化没有为人民服务的思想，就等于没有灵魂，没有方向……正确的思想方法主要来源于认真学习，工作实践。只有认真学习，才能提高政策水平和思想水平。没有坚定正确的政治方向，就不能激发艰苦奋斗的工作作风。没有艰苦奋斗的工作作风，也就不能执行坚定正确的政治方向。

“世间一切事物中，人是第一个可宝贵的。在共产党领导下，只要有了人，什么人间奇迹也可以造出来。人如果没有政治理论、没有无产阶级觉悟、没有远大的政治目标、没有全心全意为人民服务的思想，人越多越乱，也无所作为……

“世界观的根本问题，是为谁服务的问题。改造世界观要向工农兵学习。雷锋是全心全意为人民服务的楷模标兵，是伟大的人物。为什么人的问题就是世界观的根本问题、原则问题。做老实人，办老实事，就是老实态度，不说假话，不弄虚作假。

“缅怀革命先烈，就要学习他们英勇奋斗、艰苦奋斗的革命精神，发扬光大公而忘私的共产主义风格。”

第二章
毛主席组织警卫战士搞农村调查工作

毛主席历来重视调查研究工作，不仅自己经常到各地巡视工作，了解各地实际情况，分析和解决问题，而且还通过多种形式和途径，了解情况，掌握第一手材料。20 世纪 50 年代，毛主席要了解农村的实际情况，他特别组织秘书、卫士和警卫战士到农村搞调查工作。

毛主席经常讲："中国是一个农业大国，农业上不去，社会主义的优越性就无从谈起，今天说好，明天说好，老百姓就是吃不饱饭，这不行呀，空的理论，空着肚子，我们就会愧对几万万民众啊！"

一、毛主席对一中队同志的一次讲话

1955年初，毛主席迫切需要了解农村中的实际情况，提出要中央警卫团一中队战士轮流回乡探家搞农村调查工作。并决定从全国每个省和广西壮族自治区、每个专区选调一名军队干部，天津、上海、武汉、广州、重庆五个大城市各选调一名干部，到中央警卫团一中队（一中队直接担负保卫毛主席的安全工作）。

人员到齐后，我们报告了汪东兴同志，他报告了毛主席。毛主席说："我要和同志们见见面，讲讲话。"

5月14日下午3时30分，一中队全体同志提前来到中南海颐年堂前院列队等候。

毛主席微笑着走到队列前，以喜悦的目光把每个同志看了一遍，和蔼地向大家挥手致意。干部和战士心情激动，以热烈掌声表示欢迎！

毛主席说："合个影吧。"

毛主席站在队列中央，摄影师侯波选好角度，随即按响了快门。然后，毛主席走到队前，坐在藤椅上，部队原地坐下。

毛主席问："我们工作为什么目的？"

"为共产主义！"大家回答。

"对的。共产主义就是我们平时讲的为人民服务。过去打日本帝国主义，再早一点是打倒皇帝。你们这里有没有打过皇帝的呢？一个也没有吧？

“我就是皇帝的臣民，我头上的皇帝就是光绪、宣统。宣统皇帝现在东北学习马克思列宁主义，是个战犯，吃了饭没有事坐班房。他是6岁做皇帝，做了3年。

“我们那时革命叫打倒皇帝，以后打倒军阀，军阀很多，有袁世凯这些人……后来，又出了蒋介石。蒋介石这个人，我们和他一起办过事的。原先我们和孙中山合作，推翻皇帝。推翻皇帝算来有44年了，共产党34年了。

“开头我们的人很少，只有几十人。那时志向很大，闹革命，革帝国主义、封建主义、资本主义的命。34年前只有几十人的小组在各省，第一次代表大会，只有12个代表，有董必武同志、我一个，还有两个。有的牺牲了，其他有当汉奸的，如陈公博、周佛海，陈公博是汪精卫的总理。此外，还有一个张国焘，这个人不好，现在香港帮助帝国主义。人都不一样，各走各的路。

“第一次代表大会意义很大，1925年至1927年有5万多名共产党员。北伐战争从广州打到长江，这时蒋介石不干革命了，叛变了革命，对共产党员大捕大杀，进行反共反人民的反革命战争。这一打，打了22年。后来日本帝国主义打进中国来了，我们同国民党又合作。开始是合作的，一方面合作，一方面打（毛主席伸出两个拳头打了手势），就是这样，一个打日本帝国主义，一个打蒋介石。在打日本帝国主义的战争中，壮大了我们的军队，扩大了解放区。土地革命战争时期，红军发展到30多万人。后来，办错了事，开始长征，缩小到约3万人。长征路上不好走，所以走的路等于到美国，走了一个地球的直径。抗日战争时期我们的军队发展到上百万人，解放区也扩大了。

“过去也有总路线，过去的总路线就是叫反帝、反封建，把那些王八蛋赶走，然后才能走社会主义道路。

“你们看过《三国》没有？”

“看过。”大家回答。

毛主席又说：“《三国》可以看。三国刘备破曹操采用火攻，万事俱备，只欠东风。现在我们搞社会主义，万事俱备也缺东风，缺什么东风呢？就是缺工业，缺现代工业。有工业才有汽车、拖拉机、火车头、飞机、坦克、重机器、轻机器、细机器。三个五年计划就差不多都可以造了。

“三个改造，是两个性质。农业和手工业者是劳动人民，不是剥削者，但他们是个体经济，要用合作社的办法加以改造。资本主义是剥削者，以后不叫它剥削了，进行社会主义改造。一个工业化，一个改造，搞它 15 年，基本可以达到这个目的。15 年后还要继续干。”

毛主席的目光在大家面孔上扫了一遍，然后自问自答地讲起来：“你们现在多大年纪呢？平均只有二十二三岁，10 个五年计划，你们不过 70 岁。孔夫子 73 岁死的。这个人读书不少，孔夫子搬家净是书。”

会场上一片朗朗笑声。

毛主席也笑了起来，手指队员们幽默地说：“你们还年轻，你们还行。那时我就去‘开会’了，马克思、恩格斯召集国际会议，请我去参加。

“我们各人的工作不同，有的站哨，有的做别的工作，但都是为共产主义、为人民服务这个大目标。

“刚才讲了 50 多分钟，讲了几十年的历史。现在我们是已有 705 万名共产党员的大党了，青年团员一千多万人，解放军有三四百万人，全国人口有六万万人。在座的同志是六万万人中的代表，尤其是你们青年，二十几岁，老头子也要点，你们团长是老头子，还有我，也有点好处，打拳走路不如你们，但有点经验。分工合作为了总的目标。”

毛主席讲完党的历史，接着讲三项工作，他说：“你们都是做警卫工作的，光站哨，工作很单纯，我现在给你们增加一项工作，不知你们同意不同意？”

“同意。”大家回答。

毛主席扳着手指头说：“今后你们就是三项工作：一个是保卫工作；一个是学习，学文化；再加一个调查工作，以看家为名回去做调查工作。你们为中央做点事，我通过你们和群众接触，你们要把群众的意见和要求真实地反映上来。但是可不要说是给毛主席做警卫工作的，是毛主席派来的。我们国务院就有这么一个同志，他回家后召集干部会，说是总理派来的。结果这个同志还没有回来，国务院就知道了。

“你们回到家乡，要尊重父母，尊重老百姓，尊重区乡干部，不要摆架子。我的学问不高，我向你们摆架子，你们不会高兴。团长向你们摆架子，你们也不会高兴。所以不要向群众摆架子。谦虚就可以调查出东西来。”

毛主席接着讲调查内容：“要调查生产的粮食、特产、花生、芝麻、烟叶，农民生活怎么样，粮食够不够吃，征购的情况，多了，数也数不完。还要了解干部与群众的关系好不好，农村干部民主不民主，有没有强迫命令，打不打人。你们要尽量参加生产劳动，同群众打成一片。

“现在有不少人说没有粮食吃，有一个是真的，两个是假的。粮食部有五个干部说：老婆都骗丈夫，存着两千斤粮食说没有粮食。赵虎城他姐夫向他诉苦说没有粮食吃，赵在他家里住了两天后，发现他家中有粮食。赵问他姐夫为什么哭穷呢？他说：第一，叫了就是穷；第二，明年可以少卖粮；第三，人家都叫，我一个不叫也不好。不要相信那些叫的都是饿着肚子的，顶多百分之十是真没有粮食。你们回到家里，发现家里有粮食不要骂，心里知道就行了。要向农民宣传党的政策。

“过去我们征了过头粮，今后不征过头粮，允许农民完成征购任务后自己存粮食，变非法为合法。”

毛主席联系当时实行粮食统购统销政策的情况，讲了统购统销有五条好处：“第一，对农民有利，保证他们有粮食吃。第二，对灾民有利，不会饿死人。去年水灾有五千万灾民，重灾民占六分之一，其中四千万人没有饭吃。不统购统销的话，就要饿死百十万灾民。老百姓说是百年没有的洪水，五千年没有的好政府，我看是五万年也没有的好政府。第三，对经济作物有利。种棉花、甘蔗、烟叶等的可以买到粮食。第四，对城市人民有利。我国有八千万城市人口，产业工人、手工业者、政府工作人员和军队，可以统一由国家供应粮食，保证工业化的实现。第五，还可以出口换机器。拿些豆子出去，没有统购出口就少一些，统购了就可以多出口一些，不能出口得太多了，我们是一个缺粮的国家。”

毛主席接着说：“中国有个好处，就是人多，有六万万人，全世界没有一个国家有这么多人。

“你们团结好不好啊！要互相关照，不要打架，要打不要打出血，打掉了牙！分工合作是为了总的目标，团结起来，勤奋学习、调查，把工作做好。很对不起你们，进北京5年多啦，今天是头一次和你们讲话。为人民服务，你们为人民服务，我也为人民服务。已经5点钟了，你们有什么问题可以提出来，有时间再给你们解答。

“同志们！再见！”

毛主席讲了党的历史，讲了一中队的三项任务，特别是调查工作，讲了调查内容、工作方法和要求等。讲得很细，很具体，很明确，对大家是一次极深刻的政治教育。我的记录不全，主要记的中心要点。

之后，毛主席亲笔写了《出差守则》：

（一）保密——不要说这里的情况。

（二）态度——不要摆架子。

（三）宣传——解释建设工业和实行社会主义的好处。

（四）警惕——不要上反革命分子的当。

（五）调查——生产、征购、合作社、生活、对工作人员的意见。

遵照毛主席指示，我们分期分批安排队员回各省探家搞调查工作，他们回到家乡通过参加生产劳动接触群众，互相交谈，走访亲友和邻居，同区乡村干部交谈，亲自看，将了解到的第一手材料综合起来，向毛主席报告。

毛主席为了了解农村实际情况，以便制定农村和农业生产政策，他日理万机，在百忙中，抽出时间听取调查汇报。在汇报中，毛主席知道战士有紧张情绪，不敢放开来讲，毛主席先打消战士们的拘束，开始同他们拉家常，问多大年纪了，家住什么地方，路上怎么走，家里有几口人，生活怎么样……毛主席亲切地从小事问起，不厌其烦地询问每个人、每件事。毛主席平易近人，使战士打消了顾虑，汇报时战士把知道的事都讲完了。战士们也从毛主席对各种问题的询问中，学到了一些调查方法。

毛主席对调查工作很认真，很下功夫。早在1930年，红军到达闽粤赣三省交界的寻乌县，毛主席在马蹄河畔召开了一次宣传会。大家都到齐了，毛主席第一句话就问道：“同志们，你们来寻乌做过调查没有？”

“调查了。”大家回答。

“那么，你们讲一讲，寻乌做生意中间，哪一类最多？”

有人根据寻乌县城人最爱吃豆腐、喝水酒的习惯，就回答说：“大概做豆腐、水酒的多。”

毛主席说：“就算说对了，那么再说说，寻乌哪几家豆腐做得最好，最容易卖掉？又有哪几家水酒做得好？”

这下把那位同志难住了，于是毛主席把调查结果告诉了大家，说：“搞调查不能走马观花，要深一些，细一些。要有分析，要有结论。”

有一次，一位同志对毛主席的军事战略很不了解，向毛主席直言问道：“你的战略是从《孙子兵法》上面学来的吗？”

毛主席久久地看着他，空气也都凝固了。他探着头，问这位同志：“请问，你读过《孙子兵法》没有？你知道《孙子兵法》一共有几章？”

直问得那位同志面红耳赤，无言以对。毛主席说：“是嘛，办事说话都得讲个调查研究，没有调查研究，乱说一气，毫无根据，这怎么行呢？这是我们革命队伍的作风问题。”

二、毛主席听探家卫士调查情况的汇报

中南海，丰泽园。

夕阳西下，彩虹挂满了半边天，中南海泛着金光，岸边垂柳青青。毛主席正在他的卧室兼书房里批阅文件。

1955 年 7 月 19 日晚 7 时零 5 分，一中队队长韩庆余带领队员李金来、李好学、王文礼、胡全德前来报告探家调查的情况。

几个军人以特有的礼节，立正向毛主席行举手军礼。

毛主席从桌案上抬起头来，离开座椅，一一地和这几位同志握手，高兴地示意他们坐下。韩队长把四个人的名单递给毛主席。

汪东兴同志也去了，对毛主席说："这是一中队队长韩庆余，上次在钱塘江、湘江游过泳。"

毛主席端详着韩庆余说："我好像很熟，在哪里见过。"

汪东兴同志说："这个中队担任丰泽园周围的哨，直接负责毛主席的保卫工作。"

毛主席说："中南海有反革命分子，但不是那么多嘛，哨可以减少一些，你们要多抽时间学习。"

毛主席面对李金来这个面目清秀的小伙子，问道："你们会不会游泳？"

“不会。”李金来说。

毛主席有点失望地说：“你们都要学会，跟我一块出去，我淹着啦，你们好把我拉起来。”

毛主席指着韩庆余，却对李金来问道：“你们队长领导你们，打你们不？”

李金来答道：“不打！”

毛主席“嗯”了一声，讲道：“领导方法还好。”

毛主席十分幽默地说：“李金来这个名字很好，金子来了，我们国家要富强了。李好学，爱好学习，看来肚子里面有不少墨水。”

刚开始的时候，同志们都有些紧张，毛主席讲了这番话后，大家轻松了起来。

这时，毛主席点上一支烟，高兴地对李金来问道：“多大岁数？”

“20岁。”李金来说。

毛主席见李好学显得很老成，就问道：“你结婚没有？”

“结过婚了，还有一个小孩呢！”李好学说。

毛主席问过这些话后，说：“请你们来，谈一谈探家调查的情况。”他对李金来说：“你先讲一讲。”

李金来毫无拘束地谈着探家调查情况。

毛主席时而沉思，时而做着笔记，时而插话，时而长长地叹着气，一直谈了35分钟。

毛主席站起来对大家说：“走，我请你们吃晚饭。”

韩队长说：“毛主席，我们吃过了！”

大家听队长此言也跟着讲：“我们吃过了！毛主席你自己用餐吧！”

毛主席说：“一顿便餐，喝一点酒，大家在一起热闹热闹。”

大家跟在毛主席后面走着。

毛主席停住脚，回过头来问："你们这个队有多少人？"

韩队长回答："85 人。"

毛主席说："出去调查，有的省可以多一点，现在你们增加到 100 人。"

大家坐下来开始用餐，都感到有些拘束。毛主席自始至终总是怕这些同志吃不饱，告诉他们哪个菜好吃，并给他们一次一次地往碟子里夹菜。毛主席说："你们吃，不吃就浪费了。"看见谁的筷子动慢了，毛主席说："你们不要太斯文嘛！"最后，毛主席站起来，说："来，你们劳苦功高，干一杯。"说完后，毛主席一饮而尽。

吃完饭，毛主席让李好学汇报。李好学乡音很重，听起来有困难，有时候根本听不清他在说什么。毛主席说："你不是李好学吗，就是要好好学习普通话，要不愧别人对自己的称谓，把你的材料递过来让我看一看。"接着就把李金来的材料拿了过去。

毛主席一手拿着材料，一手拿着红笔，讲道："你过来，你们都过来。"大家一下子围在毛主席身边。毛主席说："你们看，这是'狭小'，不是'陕小'。"毛主席立即改正了过来。见到文字通畅的地方，毛主席马上讲："这里很不错，有分析有例证，还有一分为二。你看这里，除 8 户外，其他的户做了列举，这就很不错。"

毛主席对李好学讲道："你有点文化，要努力，百尺竿头，更进一步。你们都很年轻，像初升的太阳，要不断发展，不断有所作为。"

李金来说："这是头一次搞调查，没有经验，没搞好，以后争取让毛主席满意。"

毛主席说："嗯，这个文章写得还不坏，让人感觉有不少的东西。"接着他把王文礼、李好学、胡全德的材料批阅后，放在一边，讲道："把它转给吴芝圃（河南省人民政府主席）看看，以后还退给你们保存起来，看你们的进步。就谈到这里吧。”

晚上 10 时 30 分结束谈话，历时 3 小时 30 分。最后，毛主席亲切地跟同志们握手告别。

三、“不能让他吃大了肚子，叫他吐出来！”

1955年7月25日凌晨5时50分，中南海。

毛主席在丰泽园菊香书屋看书，我对毛主席说：又有一批回乡调查的同志来向你汇报。

毛主席放书离案说：“请他们进来。”

一中队韩庆余队长带队员高碧岑、奉孝同、何玉秋、管楚良、饶和生走进书屋。

毛主席问：“你们都认识我不？”

“都认识！”大家齐声作答。

毛主席问：“谁是我的老乡，你们都是哪个地方的？”

高碧岑指着奉孝同和何玉秋说：“我们三人是湖南的。”

饶和生说：“我是湖北的。”

毛主席笑道：“湖北也是我的半个老乡。”

毛主席问饶和生：“你多大岁数？”

“24岁！”

“没有那么大，我看只有18岁。”

毛主席说：“下次回家到蕲春县跑一跑，到处调查，到河北调查，只要是我们的地方就要调查，一年两次，十年二十次。”

毛主席问管楚良："你结婚没有？"

管楚良摇摇头："没找到。"

毛主席仰头一笑："那么多姑娘找不到，是你要求太高了吧，不要急，慢慢来。"

毛主席看完管楚良的材料，不禁眼睛盯在桌案上凝固了，因为管楚良反映了一个村干部贪污了400元公款的事实。

毛主席沉重地讲道："不能让他吃大了肚子，叫他吐出来！"

这时，毛主席请这些同志就餐，说："头一次喝了酒，这一次还喝点酒，大师傅拿来喝一点。"吃饭很热闹，毛主席不时地给小伙子们碗里夹菜，叫他们吃饱吃好。吃完饭后，毛主席开始看奉孝同的材料，一边看一边问道："你还是讲新化方言？"

奉孝同说："改了一点。"

毛主席说："很难改，心难移，还带着那么一点，慢慢来就会好一些。"

毛主席进而讲道："你们学不学文化？"

大家说："一周一天。"

毛主席问："还学什么？"

"星期六党日活动和整理卫生，其余五天除一天文化课外，军政各一半，星期天休息。"

毛主席听得很认真，问道："政治是什么？"

"全国党代会四个决议，最近学习反胡风反革命材料，检查思想。"

"那么什么是军事？"

"制式教练。"

"长时期学这些怎么行呢！我们不打仗，又不是战斗部队，少学一点制式教练，要学一些文化科学。"

毛主席指着队长说：“不能让他们当一辈子兵，出去还干一点事。”

毛主席扳着指头说：“要多学一些地理、历史、数学、物理和化学，五年中学毕业还是问题不大的。”

毛主席问韩队长：“你打过仗吗？”

“打过。”

“在哪儿？”

“长春。”

“打过谁？”

“打过郑洞国。”

“你的对手还在北京。”没有等韩队长回话，毛主席又问，“你下面的人有没有不愿意在这里的？”

“有两个。”

毛主席说：“待一两年让他们回去。”

毛主席陷入了沉思，一时间把他的思绪拉向了遥远的年代。他说：“在辛亥革命时期，我当过半年兵，那时不像你们现在，严格得很，也学不到什么东西。但也学到了不少政治上的学问。”毛主席转而讲到现在：“一年你们要回两次家，这是重要的政治学习。我当教员，你们是我的学生，看你们一年进步一年，你们每次回家回来向我报告一次，你们要有文化，有分析问题的能力，又能从实践中走来，就将成为我的很好的耳目。”

毛主席非常注重调查研究，也教导这些同志学会调查方法。他说：“要从小事问起，哪怕小孩讲的话也好，往往在最不注意的地方最容易发现问题，了解到真实情况。粮食收成怎么样？合作社怎么样？不能浮在上面，走马观花，这样不好，不利于我们做出决策。打仗要研究敌情才能产生谋略，搞建设要听取老百姓的意见，才能发展社会主义。”

毛主席说：“你们这些人都是23岁，是兄弟，要团结协作，共同进步。”

当毛主席看到农民生活困难，顿顿靠洋芋充饥时，说：“欧洲、苏联、德国这些地方，把洋芋看得贵重得很，也是可以吃的。”

高碧岑的材料反映，大食堂（当时全国有个别地区搞起了大食堂）的饭吃不饱，他的姐姐把粮食藏起来了，以备饥荒。毛主席说：“共产党人，不对就批评，要有大公无私的思想，不能吃独食，吃独食是应该感到有愧的。”

材料反映有一个合作社主任，带头卖过头粮，家中现在没有吃的，身上瘦得没劲下地干活。毛主席说，“有这样的好人，你再回去时看看他，看他改变了没有。现在就写信问问他。”“吃独食不好，卖过头粮也不好。俗话说，家中有粮，心中不慌。”

这时，毛主席靠在沙发上，长长地吸了一口烟，第一次这样讲道：“国以民为本，民以食为天；民以食为天，吃饭第一。”他说，“这份材料写得还不坏，可以给大家看看，有分析有例证。以后两个月写一次信（家信），内容——有没有吃的，生产情况，合作社情况，每年写个四五封信，回信拿给我看，那我就消息灵通了。写的内容你们再研究一下。李银桥我叫他往家里写信，我给他改了一下，要能说明问题，要能提取到真实的情况。”毛主席说，眼下的情况是“新上中农思想起了变化，不愿参加合作社，老下中农愿意参加合作社”。

毛主席挥挥手，讲道：“都回去一次，和汪东兴讲一下，统一研究一下，增加到120人。这么多人去搞调查，两个省六千万人口的情况，三个钟头就可以把主要的地方跑到。我想的这个办法好不好？”

“好！”大家同声说。

毛主席说："这个办法确实好，通过你们和广大农民联系起来了，各种情况可以了解到。

"我想通过你们和广大农民联系起来，建立关系，你们见到农民，我看见你们就间接见到农民（举起三个指头），就离这么远，你们是武装起来的农民，有了阶级觉悟。

"你们再回家不要宣传吃大锅饭（公共食堂），农民讨厌。吃大锅饭不自由……

"华东五个省，山东、江苏、浙江、安徽、福建，华北先回去一个省——河北。总共六个省，行不行？"

韩队长说："可以。"

在毛主席看来，这不仅仅是可不可以的问题，中国是一个农业大国，不解决农民的吃饭问题，他这个党的主席就坐不安稳。因此，毛主席讲道："这是一个重要任务，我这里可以减少两个哨嘛！最迟在下个礼拜一，你们都回去。你们去福建那个地方，可以多给一点时间，在家不住 9 天，也不住 11 天，满打满算，10 天怎么样？"

韩庆余说："去云南的，来回途中要一个月时间。"

毛主席说："你们又不是救火，非得要赶那个时间，多给他一些时间嘛！路远的可以坐飞机回去。"

韩庆余说："路费太贵。"

毛主席郑重地讲道："这是公事，这是任务。"

四、自己调查的东西自己写

1955年7月26日，韩庆余队长带第三批队员向毛主席汇报探家调查情况，有广东的曾文、叶遥、王燕宇，广西的凌理德、蓝宝华，江西的邱永香。

李银桥向毛主席说："你邀请的一中队的同志来了。"

毛主席见到七个同志进来了，说："快坐下。"

韩队长把六个队员写的材料交给毛主席。毛主席先看曾文的材料，说："写得好，写得好，你调查得很好。"

毛主席问："你会耕田吗？"

曾文说："我会。我还会打铁！"

"喔，不得了，你还是重工业人才。你父亲也会打铁？"

"会。我就是从他那里学来的。"

"你们那个地方女的也会耕田吗？"

"我们那里依靠女的耕田，男的做手工业。"

"你们家参加合作社没有？"

"我母亲参加了。"

"你母亲多大岁数？"

"58岁。"

“她还能劳动？”

“顶半个劳动力。”

“参加合作社，有没有时间回家干活？”

“有的合作社一星期可以抽出一天时间干自己的活儿。”

“这样好。要分清中农多少，贫农多少，下次要调查他们的态度，他们对合作社持怎样的意见。新中农是共产党帮助翻身的，他们就赞成参加合作社。你家是否比去年好一点？”

“分给个人的土地不交租，现在粮食够吃的。”

“你回家带点什么东西？”

“带点钱。”

毛主席把拿在手中的材料，用手指点了点，说：“这个材料是你自己写的？”

曾文说：“别人帮我抄了一下。”

毛主席把头往后一靠，笑道：“我不是看表面文章的，字再漂亮，内容空空，虚有一手好字。你们是给我提供真实情况，而不是提供书法。”毛主席指着桌案上，“那么多的书法真迹，我学一辈子也学不完，我通过你们进行社会调查，要学的是社会学，解决的也是社会问题。以后不要叫别人抄了，别人抄了，就不新鲜了，你们自己调查的东西自己写，就给人一种很原始的感觉。”

毛主席问道：“你们那里女人很厉害，是女人做主吗？”

曾文说：“不是。”

毛主席说：“几千年前是女人做主，母系氏族社会，女人的天下。你男人生不出孩子，就只能俯首称臣。因此，男人在女人面前，哪里敢说一个‘不’字。”

叶遥说：“我们家就是女人做主。”

毛主席笑道：“你爸爸就俯首称臣了。”

叶遥说：“是的嘛，我爸爸是受我妈妈管。”

毛主席看完曾文的材料，之后看王燕宇的材料。王燕宇这次回家，见到了家乡的那个地主，他曾经为这个地主放过牛，过着衣不遮体、饭不饱肚的生活，便逃出来参加革命。这次回家，地主对他很不满，见到王燕宇连招呼也不打，背地里有说不完的风凉话。毛主席看到这里，问王燕宇：“看见你不打招呼，调查一下为什么不满，看他的态度。不能这样嘛，你翻了身，再不为他放牛了；他被打倒了，成为普通劳动者了。其实，大家都是劳动者，并不是格格不入嘛！”毛主席说：“我跟你商量，你下次回去是否可以主动去看他？”王燕宇说：“可以。”毛主席说：“这就好嘛！他的态度好，打心眼里拥护共产党，我们就团结他，跟我们一道建设社会主义新中国。”毛主席又重复那句话：“你们今后不要叫别人抄，我要看你自己写的。”

毛主席抬头看看钟，“喔，已经 8 点了，饿得要死！”然后，对李银桥说：“快去拿饭！”

毛主席接着看叶遥的材料，叶遥的材料中也有地主的情况，说：“让他们参加合作社，过几年合作社就会改变。”

毛主席问：“你上过学校？”

叶遥说：“上过初中。”

毛主席说：“还不错。”

说话间，饭菜上了桌。毛主席跟前两次一样，还是热情招待。吃过饭后，看凌理德的材料。毛主席问凌理德：“你会耕田吗？”

凌理德说：“会。这次回家和老百姓干了 9 天活。”

毛主席说：“用这个办法好，和他们打成一片，可以了解到很多东西。你跟他们在一起，听没听到对我们的政策乱叫的？”

凌理德说：“中农在三定后有叫的。”

凌理德的材料中，其中有一部分专门反映农民生活困难问题，很多农民家里吃“黄狗藤”。

毛主席说：“喔，是这样，以后捎一个给我看一看，怎么样？”

凌理德说：“可以。”

毛主席说：“你能不能到钦县看一看，那有没有你的亲戚？”

凌理德说：“可以去，那里有我的亲戚。”

毛主席转过头来对韩队长说：“下次给他 15 天时间，在家住 10 天，在钦县住 5 天。”

毛主席看蓝宝华的材料，说：“你例子举得好，思想也不坏，有政治头脑。”看着看着，又问道：“瑶族为什么不成立自治区？”

蓝宝华说：“农民反映，地方政府解释，以前可以，现在《宪法》规定是不可以。”又说：“现在有的农民说政府贷款说是生产，实际上却在写呈文闹自治。”

毛主席说：“专门闹，这不好。搞调查工作的，广西南宁增加一个，桂林增加一个。”

韩队长说：“毛主席，城市调查什么？”

毛主席说：“城市能了解什么就了解什么，要抓住问题，要抓普遍的东西。”

毛主席沉吟片刻，讲道：“你们帮助我做一点工作，赞不赞成？”

最后，毛主席说：“了解情况是一个学习。有的调查很简单，以后多调查几个问题，一两个问题，两三个问题，四五个问题。好了，你们可以去落实了。”此时已是晚上 9 点 55 分，历时 3 小时 20 分钟。

我把北京这三起汇报都做了一点记录。在外地，如广州小岛上的几起汇报就没有做记录了。

第三章
毛主席挥臂搏击大江大海狂涛

毛主席酷爱游泳，他那与江河风浪搏击的游泳技术并非一朝一夕练就的。他是从小开始学习游泳，他家门前的“小池塘”，水并不很深，几乎每年的夏天，都是他们一伙同龄人的天下。天天游，天天练，随着年龄增大，游泳技术不断提高，而且水性也很好了。青年时代，他便以诗言志：“到中流击水，浪遏飞舟。”展示主宰世界、搏击惊涛骇浪的巨大精神力量。他走上革命道路后，游泳便提高了层次，特别喜欢到大江大海里去游泳。新中国成立初期，因环境和条件所限，加之毛主席工作非常繁忙，抽不出大块时间去游泳，只有在北京或到各省、市巡视工作时，见缝插针地到室内游泳池里游几个来回。他真正到大江大海去游泳，是从20世纪50年代中期开始的。毛主席说要去游泳，那谁也拦不住他。我们只能按照他的意图，保证他游泳的安全。毛主席说：“游泳是同大自然斗争的运动，应该到大江大海中去游泳锻炼。”

一、击浪北戴河大海

1954年仲夏，毛主席到北戴河办公、开会、读书，搬去了三四箱书。他每天工作到晨光破晓，阅读文件，审批文件，修改文件，吟读《史记》，正如他在《贺新郎》词中所写的，“一篇读罢头飞雪，但记得斑斑点点，几行陈迹。”

一天下午，毛主席举起双手，伸了一下腰，说：“走，去观潮落。”我们走到海边，海面突然狂风大作，平静的大海在一瞬间咆哮起来，波涛汹涌，拍击海岸，卷起千堆雪，不多会儿，碧浪变成了泛黄的浪涛。毛主席见到如此翻腾的大海，心情激动起来，脸上露出一种要征服潮水的欲望。阵风吹动着衣衫“啪啪”直响，警卫人员跟随在毛主席身后，劝说：“毛主席！风大了，我们回去吧。”

毛主席说：“走，下海去游泳！”

“毛主席！今天风太大，不要下去游了，等到天气好了再游吧！”工作人员劝说。

毛主席说：“风浪越大越好，这可以锻炼人的意志，增强一个人战胜困难的勇气。”

毛主席脱去衣服，看着卫士和一中队的同志说：“你们害怕吗？”

“不害怕！”同志们回答。

毛主席说："你们可以跟我下海，也可以不跟我下海，可以在岸上看，也可以回家去。"

"我们跟毛主席下海去，我们都不回去。"大家回答。

毛主席一直往大海深处游去了。面对滔天的浊浪，毛主席朝着迎面扑来的海水，一起一伏地游着，时而被狂涛掩盖，时而冲出浪尖。孙勇、韩庆余及十几个战士围在毛主席周围。但是茫茫大海，海水深，风浪大，海浪急，人随着海浪猛力冲着走，"一高一低，一前一后"，无边无际。在海岸上的人，非常担心毛主席的安全。

毛主席游泳是能手，水性好，游技高，持久耐力强。他在浪尖上大声喊道："你们放心，都不要慌……现在是涨潮，沉住气，只有被浪冲上岸，不会被拖入海去。"不一会儿，又在浪尖上喊："现在是考验你们的胆量呢！"

毛主席在这大风大浪中游了一个多小时才上岸来。朱仲丽同志见毛主席上了岸，高兴地迎过去，向毛主席问好，并劝说："毛主席，风浪太大，今后不要再冒这样的险了。"

毛主席说："你们不要怕什么冒险，凡事不冒险，就不能成功，许多成功就是通过冒险才取得的。这取决于一个人有没有勇气，敢不敢于排除万难。我说你们要有决心和信心，当然不是盲目地冒险。"

毛主席的工作是没有白天黑夜的，游泳也是不分时候的。有几天，毛主席工作很紧张，几乎每日都在看文件，思考问题，与周恩来、刘少奇、朱德等中央领导同志一起讨论国家大事。这天下午，毛主席坐不住了，说："走，我们到海边去！"周恩来、朱德也跟了去。

毛主席往身后看了一眼，便给游泳"高手"孙勇使眼色，示意跟他走在一起。孙勇急忙跟上毛主席。

孙勇说："毛主席，我们不要走远了，天气预报说今天有雷阵雨。"

果然，一到海边，天空突然黑了下来。霎时，霹雳闪电，撕破了海空，海水像传说中的海底巨龙在使劲地搅动一样，不停地翻腾着。

毛主席叫孙勇先下海去看看。

孙勇纵身跃进了大海，在海波浪谷中起伏。

毛主席同孙勇、韩队长及一批队员，在海里游着。这时，海上除毛主席与孙勇一批人外，见不到一个渔民。渔民们都在刚才的那阵雷声中纷纷摇桨上了岸。

周总理、朱老总见到这样的恶劣天气，毛主席还要下海游泳，非常着急，远远地使劲喊："不要下了，不要下了！"一边急呼，一边向毛主席跑来。

可是，这时毛主席已经下海了。

四处雷声不断，暴雨劈头盖脸地打来，岸上的几位中央领导同志早就被淋成了"落汤鸡"，但他们仍在喊毛主席不要下海。为了让毛主席听见，还加大了声音。但是，风声、雷声、潮声早就把喊声淹没了。毛主席跟孙勇他们在大海的波涛中任意地搏击。他一会儿是面朝天，一会儿是对着水，尽情地感受着狂澜怒涛和乌云阵雷，他也分不清哪里是海，哪里是天，好像天是倒挂着的海，海是倒挂着的天，无边无际。

这时，毛主席对大家说：不要怕，海水就是被子，我们钻进棉花套里了。正说着话，他突然被海浪冲到一个同志身上，这个同志正要拉毛主席时，又一个急浪把他们冲开了。风大浪大，海水的冲击平稳不下来。人在海里，一时上了高山，一时又下到低谷，一直翻腾着。会游泳的人，觉得这很有意思，真好玩。

一个同志说："毛主席！雨下大了。"

毛主席说："没有关系，雨大了多在脸上抹几把。"

不知游了多久，他们见到一只被海浪击破的打鱼船。毛主席担心渔民的安全，说：“刚才我见到几个打鱼的人，不知道出事了没有？”

一位同志说：“不会的，这只船刚才靠在岸边的，上面没有人，这船是被海水卷到这来的。”

毛主席说：“那就好了！”

真是“一片汪洋都不见”。岸上的人个个都惊呆了，慢慢地，他们由担心到观赏，由观赏到赞叹，只见毛主席似浪里白条，波峰起伏，任凭遨游。

不知游了多长时间，毛主席才靠近了岸边。这时，云散雨停雷声息。

朱总司令说：“毛主席偏偏游了这一段风险时间。”

在场的中央领导同志见到毛主席身上已被海水刮出了一道道血迹，都说：“快上来，快上来！”

毛主席上得岸来，甩打着身上的水，不住地讲道：“今天真畅快！”

这时，周总理、朱总司令等中央领导同志才真正如释重负，悬着的心落下了。毛主席说：“秋风萧萧，洪波涌起，算不了什么！”接着，毛主席谈起刚才化险为夷的情景，感慨地说：“征服急难险恶，你强他就弱，不能怕，一怕，喝上几口水，就胆怯了，就被海水制服了你！大凡世界上凶恶的东西也是这样的，你表现得怯懦，你就会遭到凌辱，世界上一切反动派看起来样子是可怕的，其实并没有什么了不起。”

朱老总说：“毛主席善于联想，当年你骑在马背上，就一步三叹：惊回首，离天三尺三。”

周总理一副严肃的神态，说：“还有倒海翻江卷巨澜。奔腾急，万马战犹酣。”

毛主席说：“那是过去，那是我们共产党人的大志。”

周总理说：“今天总算可以了吧，我们叫都叫不住。”

毛主席说：“我一个心思斗海浪，思想高度集中，哪里听见你们在叫。”

次日，毛主席欣然提笔写道：

大雨落幽燕，白浪滔天，秦皇岛外打鱼船。一片汪洋都不见，知向谁边？

往事越千年，魏武挥鞭，东临碣石有遗篇。萧瑟秋风今又是，换了人间。

毛主席在诗中表现出了自己的感怀。公元207年，曹操和乌桓部族作战凯旋，曾经路过这一带，留下了《观沧海》：“东临碣石，以观沧海……秋风萧瑟，洪波涌起……”在毛主席看来，在中国大地上纵横驰骋的魏武，虽然雄视八方，但是时过千年，他所遗留下来的，只不过是一段漫长的动乱历史和一块早已成为陈迹的碣石。

毛主席不仅让我们看到了白浪滔天、不知边际的大海以及在波涛中搏击的打鱼船，而且把大海与历史的脉络联系起来，让人感受到了美好的未来。“年年皆秋今又秋，今秋人间胜前秋。”

二、突然提出游珠江

1955年6月，毛主席来到广州，住在小岛上，每天阅读审批文件，处理国家大事，并听取一中队回乡探家调查情况汇报，而且手不释卷。夏天的小岛，热气腾腾。过去，毛主席一直在广州室内游泳池和越秀山室外游泳池里游泳，而且每次都提前告诉我们，以便做必要的准备。可是有一天，毛主席在书房里坐不住了，突然放下书，说："我们去游珠江征服波浪。"

毛主席说走就走，他不等你，走在前头。

我们没有准备，慌了起来。我叫上一中队队长带上游泳队员跟在毛主席身后走，还叫苏汉华同志赶快搞两条船来。

毛主席来到珠江边上，脱去衣服下水，我要一中队同志先跟毛主席下珠江游泳。苏副厅长找来了船，我们上船跟在毛主席后面确保他的安全。

毛主席在江中叫喊："喂，干么子，你们不要站在岸上，会水的都下来游吧。"

罗瑞卿部长、陶铸书记急急忙忙赶来，累得汗流浃背。罗部长说："你游吧，还有一些客人在等着你呢！"

毛主席说："转告他们，我游完了泳，谈话更有精神！"

其实根本没有客人，罗部长是想让毛主席早点上岸来才放心。说着话，毛主席游远了。跟随他游泳的同志在江中无拘无束地说说笑笑，他们在江中个个都像躺在绿色的草坪上。

毛主席说："到大江大海里游泳，至少有三条好处：一是不受任何限制，天高海阔，自由自在，其乐无穷。二是紧张工作之余，转而全身心地投向大海，动了筋骨，舒了身心，全身得到了放松。三是游泳可以得到很好的休息。再增加一条是磨炼一个人的意志，增强征服大自然的勇气。"

三、初试长江水

1956年5月初，毛主席在广州住在小岛上，这里天气炎热，他想再游珠江，又感到不过瘾，想到武汉去游长江。那里江水滔滔，奔腾东去，不说历代帝王将相，就是当今的许多高层领导人，谁又从此岸游到过彼岸呢?

但是，毛主席不打无准备之仗，对卫士长李银桥说："银桥，我们走吧，到长江边上去，我们去游长江。"

李银桥向汪东兴局长报告了毛主席要游长江的想法。

汪东兴同志马上报告了罗瑞卿部长，说毛主席要去游长江。

当时，罗瑞卿、王任重、汪东兴同志和保健医生都不同意毛主席去游长江。他们几位同志当面劝阻毛主席不要去长江游泳，说那里很危险。

毛主席见他们阻止自己去长江，生气地说："无非你们怕我死在长江，你们怎么知道我会淹死呢?"

罗部长见毛主席生气，忙解释说："毛主席！不是那个意思。保护毛主席的安全是党和人民交给我们的任务。我是不同意你去冒险，哪怕是一点风险也不允许有。"

毛主席这时对汪局长说："你要一中队韩队长去武汉考察一下，

看看长江到底能不能游？”

韩队长当时也是站在罗部长一边的，不同意毛主席去游长江。到长江去游泳，这是第一次，是一次很大的冒险。说实在的，从安全上讲，我们警卫人员都不同意毛主席去游长江。

韩庆余从武汉回来，向毛主席报告时，说得也太简单了：“长江不能游，那里水深流急，漩涡太多、太大，听说有江猪。”

毛主席听了韩队长的汇报，很不满意，生气了，吩咐道：“把孙勇叫来。”

孙勇是副卫士长，听说毛主席叫他，马上赶到了。

毛主席对他说：“你再去武汉，亲自看看长江到底能不能游泳！”

这一次，汪东兴同志要我同孙勇一块儿去。

我从一中队带了三个会游泳的同志到汉口，同省、市警卫处的同志乘船来到长江大桥桥墩上面下水，试游了近万米远。虽然水深流急，漩涡众多，但没有发现“江猪”，完全可以游。

我们回到广州，由孙勇向毛主席报告情况。

孙勇对毛主席说：“我们在长江大桥上面下水，试游了几千米，没有发现‘江猪’，完全可以游。”

毛主席听了很高兴，说：“这就对了么，要知道梨子的滋味，就要亲口尝一尝。”毛主席故意说给那些“阻力”听，“谁说不能游长江？孙勇不是游了吗！”

毛主席说：“这个老韩哪，不讲真话，他没有下去体验就说不能游。我们去游长江，不叫他去，叫他离开这里。”后来，毛主席消了气，说：“老韩是个好同志，忠心耿耿，兢兢业业。唉，这件事办得不对。他站在罗部长一边，不讲真话。”

毛主席似乎有些后悔赶走了韩队长。

韩庆余是一个好同志，保卫毛主席忠实可靠。我们把他调到团司令部警卫科当科长了。

5月下旬，汪东兴局长要我打前站，先到湖北省同警卫部门一起，落实毛主席横渡长江的各项准备工作，选好上下码头的地点、大小船只、游泳水手和安全措施。

5月底，毛主席在罗瑞卿部长陪同下，由广州乘飞机到长沙，在长沙游了湘江。毛主席对长沙感情极深，青年时代在这里读书，度过了难忘的时光。

恰同学少年，风华正茂；书生意气，挥斥方遒。指点江山，激扬文字，粪土当年万户侯。

5月31日，毛主席乘飞机由长沙来到汉口。路上，毛主席对大家说："快要到长江边了，这次你们不要再说有什么'江猪'了，事实胜于雄辩嘛！"

罗部长说："这是一件大事！毛主席讲一切从实际出发，这次游长江，你要根据自己的身体实际出发。"

毛主席说："近水知鱼性，近山识鸟音。你们经常跟我在一起还不知道我的身体，这次你们看着我给你们游出点花样来！"

在罗瑞卿、王任重等同志陪同下，我们跟毛主席一起登上渡船。毛主席站在船头，拍了两张照片。他站在那里，像一座难以撼动的山，十分伟岸，使人感到一种壮心不已的气概。

随着悠长的汽笛声，渡船开动了。毛主席的心情非常愉快，问道："我们要往哪个地方下水？"

王任重说："在新亚码头。"

渡船徐徐稳进，犁起团团雪浪，碧波粼粼的江面上，激起层层银白色的雪花。毛主席远望天际，只见长江之水浩浩西来，天上白云朵朵，天水相连，悠远无垠。举目四望，龟山和蛇山隔江相峙。

那时，长江大桥正在修建，我们见到桥墩已矗立在江面上，像是从水面露出的一座座小山。渡船像轻舟一样游过了小山，毛主席说："天堑变通途的时候就要到了，我们的愿望终于要实现了。"转瞬间，渡船驶近了武昌，我们在武昌的新亚码头靠岸了。

这时，大家的心情非常振奋，都是第一次游长江，准备着下水，水声风声人却无声。我们工作人员、战士年轻力壮，动作比毛主席快，三下五除二地就脱完了衣服。毛主席稳步走上小木船，这时已有不少战士率先跃入江中。毛主席走近扶梯，双手抓住梯子，顺着扶梯下水，先让江水浸了一下身子，然后挥臂向长江游去，击起层层浪花。毛主席自由自在地向前游着，我尾随在其身后。那时候，我的身体很结实，跟大家一起保护毛主席。

跟随毛主席渡江的游泳健儿，按照规定的方位，在毛主席周围形成了中、前、左、右、后的不规则图形，消除了失防区，确保了毛主席的安全。还有三条大船距离2000多米以外，三条小木船距离300米远，均保持这个距离，排成三角形，完成跟随保护任务。万一哪个方位需要急救，或者出现其他不测，上船都很方便。

跟随毛主席横渡长江的有湖北省委第一书记王任重，他一直坚持到最后，毛主席的秘书徐业夫，护士长吴旭君，卫士长李银桥、孙勇，一中队十几个同志，还有省公安厅警卫处和市公安局警卫处的同志，在江面上很热闹，很愉快，有说有笑。普通战士跟伟大领袖第一次横渡长江是终生难忘的大事。

罗瑞卿部长、汪东兴局长在船上照管江中游泳的安全。

湖北省公安厅、武汉市公安局对保卫毛主席横渡长江的安全，做了周密部署，无论是在堤岸上、各要道上、龟蛇两山，还是对岸水面上，都有安全保卫人员。当然，他们之中有不少人并不知道毛主席正在长江游泳。

毛主席在长江里游得非常轻松自如，时而潜入水中，时而露出水面，时而侧游，时而仰泳，顺水漂着走，真是怡然自得，游得舒心愉快。仰面朝天，毛主席悠然地欣赏着广阔的天空，正如他在《水调歌头·游泳》中写的“胜似闲庭信步”，“极目楚天舒”。

毛主席说：“经常游泳好处多得很哩！不仅能够锻炼身体，还能接触各方面的人，是了解社会各方面情况的好时机，又是最好的休息。

“你们会蛙泳、蝶泳、自由泳。我只会立正、稍息、睡觉、坐凳子。立正、稍息是基本动作，睡觉、坐凳子是日常生活，你们行不行呢？”

说完了，开始立正、稍息做示范。曾陈说：“毛主席！睡觉还可以，立正、稍息、坐凳子我们不行。手不动脚要动，脚不动手要动。”毛主席说：“当兵要从立正、稍息学起，游泳也要从立正、稍息学起。其实你们有的人本领比我高，能学会的。你们好好研究，锻炼锻炼吧。”

那天的风稍大一点，水太冷，游了一个小时，肚子凉得难受，我已上小船休息了。

我们劝毛主席说：“毛主席！上船休息一会儿再游吧！”

毛主席笑着说：“还早呢！起码要游两小时！”又说：“我不要休息，水里也是休息。”

说实在的，长江长，江面宽，流水急，水又深，风大水温低。我很担心毛主席的身体能否坚持两小时，先后几次劝毛主席上船。毛主席回答说：“我游得正舒服呢！”

有位同志问毛主席：“毛主席！今天的水温这么低，你不觉得冷吗？”

毛主席说：“下决心就不冷，不下决心水温再高也是冷啊！这里水上是夏天，水下是冬天，很好锻炼身体嘛！”

又有一位同志对毛主席说：“现在浪大了！”

毛主席说：“浪大用鼻子吹！”

“用鼻子吹”，说得大家“嘿嘿”直笑，只是人在水中，笑声不大。

毛主席一边游泳，思绪却由长沙到武汉，再跨越时空想到春秋战国时代的楚地景况，正如宋代词家柳永在《雨霖铃》中讲的“暮霭沉沉楚天阔”。毛主席还联想到孔子对流水的感叹和宋玉笔下《高唐赋》中的巫山神女。

毛主席游完长江后，写下了《水调歌头·游泳》：

才饮长沙水，又食武昌鱼。万里长江横渡，极目楚天舒。不管风吹浪打，胜似闲庭信步，今日得宽馀。子在川上曰：逝者如斯夫！

风樯动，龟蛇静，起宏图。一桥飞架南北，天堑变通途。更立西江石壁，截断巫山云雨，高峡出平湖。神女应无恙，当惊世界殊。

毛主席解释这首词时，对我们说：“才饮长沙水，就是指白沙井里的水。武昌，不是今天的武昌，是古代的武昌，是现在的武昌到大冶之间，叫什么县我忘了，那个地方出鳊鱼。所以我说才饮长沙水，又食武昌鱼。”

毛主席对我们说：“等到长江大桥修建好后，天堑变通途了，我们再来游长江，那将是别有一番情调了。”

四、“可能是在捞宝吧？”

在长江堤岸上，聚集着一群观看江中游泳的人们，他们不知道江中是毛主席正在横渡长江。他们指指点点，七嘴八舌地议论着。

有的说，“今天天气这么冷，风这么大，居然还有人敢下长江游泳。”

有的讲，“是掉了什么东西吧，你看还有三艘船，可能是在捞宝吧？”

也有人说，“可能是在训练为出国比赛吧？”

还有人说，“他们在游泳锻炼，可能是为了准备打仗！”

这些人都蒙在鼓里，甚至湖北省、武汉市机关的大部分干部都没有想到，毛主席会到武汉横渡长江。他们后来说，如果我们都知道毛主席在游长江，长江两岸肯定会站满人群。

这次，毛主席一直游到谌口东边朱家河入长江的汉口，才上了船。游了 2 小时零 5 分。

毛主席靠近船，一手抓住扶梯，转过头来轻微地喘着气，看了看所游过的路线，说，“我们游得不近嘛！”

毛主席顺着扶梯往上爬着，身上的水不住地往下滴落。他上到大船上，工作人员给他披上衣服，这时他才大口地均匀地喘气，显得悠然自得。他坐在藤椅上，拿着香烟，久久没有点上。他笑着，一副很怡然的神情，就像一位从战火中归来的英雄。

毛主席高兴地对王任重同志说："你们会游泳的人，要练习练习！以后有机会我要和你们比赛的哟！"毛主席讲的会游泳的人，都没有游过长江，需要练习。是说的练习提高游泳技术，练习游长江的胆量，练习游泳的耐力。

对毛主席说的话，王任重同志只是笑，感到今天总算是安安全全地完成了任务。比赛的事没有表态。

曾获得横渡长江第二名的运动员小梁说："毛主席！你游得真好，你游泳的消息传遍了世界！"

毛主席谦虚地说："你比我游得好，你是运动员，我游泳只是为了锻炼身体啊！"

毛主席问小梁："你为什么没有争上第一名呢？"

小梁说："我游的方向没有把握好，绕得远了。"

毛主席说："方向是个极重要的问题。"

小梁望着毛主席，笑笑点头。是啊，方向是个极重要的问题，干什么事情不注意方向就会出现差错！

1956 年 5 月 31 日，毛主席从新亚码头，经过长江大桥直至漳口东边；6 月 1 日，从武昌到汉口；6 月 3 日，从汉阳回游武昌，穿过正在修建的武汉长江大桥桥洞。短短几天中，毛主席一连三次横渡浩浩荡荡的长江。

毛主席畅游长江的愿望实现了。他把遨游长江锻炼身体、磨炼意志，看作是与天斗争的一种乐趣。他破除了惧怕狂风骇浪、不敢游长江的迷信，鼓舞人们要经风雨、见世面，到大风大浪里去锻炼成长。

五、与赫鲁晓夫一起游泳

毛主席游泳大多是在祖国大江大海，而一起游泳的都是黑头发、黄皮肤的人。但是也有例外，他与外国人游过泳，可能也是唯一的一次。

1958 年 7 月 31 日，毛主席在中南海颐年堂同赫鲁晓夫会谈，赫鲁晓夫要苏联驻中国大使尤金向毛主席提出想在中国领海建立“共同舰队”和在大连建立“长波电台”的问题。毛主席问尤金为什么要建立“共同舰队”和“长波电台”？尤大使说不清楚，他报告了赫鲁晓夫。赫鲁晓夫亲自来到北京同毛泽东、刘少奇、邓小平等同志会谈。

毛主席提出为什么要建立“共同舰队”和“长波电台”的问题。谈了半天，赫鲁晓夫支支吾吾，谈不到问题的实质上。毛主席抓住要害问题不放，说：“请你说明一下，什么叫‘共同舰队’？”

赫鲁晓夫说：“我们共同商量。”

毛主席说：什么叫“共同商量”？他生气了，断然拒绝了赫鲁晓夫的要求，严肃地指出：“什么‘共同商量’，我们还有没有主权了？你们是不是想把我们沿海地区都拿去？你们都拿去算了。”

经过这场激烈的争论，赫鲁晓夫表示：“你们不理解，我们也不提了。”“不同意就不同意吧！”第一天，会谈就这样结束了。

第二天，毛主席改在游泳池会谈，早在等候赫鲁晓夫。

赫鲁晓夫来了，交谈国际形势，双方分歧不大。但是，当谈到苏共“二十大”批判斯大林的事时，赫鲁晓夫说：“你们为什么往我们后院抛石头？”

毛主席微笑着，心平气和又十分坚定地说：“我们不是抛石头，而是抛金子。”

赫鲁晓夫的态度也强硬，说：“别人的金子我们是不要的。”

毛主席说：“不是你要不要别人金子的问题，是我要助你们一臂之力！”

毛主席提议：“今天就谈到这里吧，我们游游泳，凉快凉快！”

赫鲁晓夫游泳水平一般，说不上什么游姿，如果硬要给它取名称的话，那就是人们常说的“狗刨骚”。他“刨”了几下，气喘吁吁地，脸涨得绯红，头发蓬乱。他往池边刨着，在工作人员帮助下，爬上了池子。

他还想继续游，将一块手绢的四个角各打了一个结，戴在头上，蒙住他那乱糟糟的头发，接着他伸出手，不停地给工作人员画着圆圈，工作人员理解他的意思，给了他一个救生圈，他套在脖子上，又一纵身下水了。他注视着毛主席，只见毛主席将手一划，两腿一蹬一夹，肩头冲起了一层浪花，速度很快，手刚划了几下，身体就像巨鲸一样破浪前进，一下子到了游泳池中线。赫鲁晓夫见毛主席已游到他的跟前，喃喃地讲道：“我早知道你是游泳的能手。”

两天后，赫鲁晓夫离开北京回苏联去了，他此行便成为中苏两国最高领导人的最后一次会晤。

1959 年 2 月，毛主席会见美国女作家安娜·路易斯·斯特朗和美国著名黑人学者杜波依斯夫妇时说：“你们都会游泳吧？”

“我们会。听说毛主席在水中一泡就是几个小时。”

毛主席非常不喜欢这个“泡”字，说：“错了，那不是泡，是水中击浪，征服惊涛，与天斗其乐无穷，与自然斗其乐无穷，我那是与水斗，见到狂澜，我总要斗它一斗。”

斯特朗问道：“毛主席都游过些什么地方？”

毛主席挥着右手，说：“我几乎每年都要游长江，或者游其他江河。”又扳着手指头，说：“如广州附近的珠江，我老家的湘江，还有钱塘江、北戴河的大海。新中国建立之初，我在游泳池里游泳，但那太受局限了。游大江大海，很壮阔，用中国的俗话说，那叫‘海阔凭鱼跃，天高任鸟飞’，我的整个身心都是自由的。”毛主席还说：“我还打算游黑龙江！”

斯特朗当时对毛主席问道：“那你就要游到俄国去了？”

毛主席说：“哎，你完全正确！”

毛主席沉吟片刻，说：“如果你们三位先生允许，我愿去横渡你们的密西西比河。大概另外三位先生——杜勒斯、艾森豪威尔和尼克松，不会欢迎我去吧！不过，我是一个乐观的人！”

13 年后，尼克松还是来中国访问了想游密西西比河的毛主席。

1974 年，毛主席 81 岁高龄了，11 月 19 日下午，还在湖南长沙的省游泳馆游了泳。11 月 19 日，游了 30 分钟；11 月 20 日，游了 40 分钟；12 月 3 日，游了 30 分钟；12 月 4 日、5 日，各游了 35 分钟。

历史将永远记载着毛主席挥臂“白浪滔天”的北戴河大海、搏击“风吹浪打”的万里长江时征服大自然的勇气、力量和胆量。

第四章

亲历庐山会议与“九一三”事件

毛主席是一代伟人，但在20世纪60年代中后期，在使用干部上有失误，如林彪就是其中一例。中国共产党第九次全国代表大会把林彪写进《中国共产党党章》，确定林彪为“接班人”。这时的林彪急欲登上权力的巅峰。在这以后，林彪及其反党集团成员经常勾结一起，密谋篡夺党和国家领导权，妄图取代毛主席，在政府职务上，想当国家主席。他想通过第四届全国人民代表大会，名正言顺地实现当上国家主席的美梦。

一、庐山骤起风云

1969年10月，毛主席离开北京来到武汉，在东湖宾馆下榻。此间，毛主席很少外出散步，也没有接见任何客人。他每天阅读大量文件、审批文件、看书读报、思考国家大事。1970年3月，他提出要召开四届全国人大，修改《宪法》，改变国家领导体制，不设国家主席，他也不当国家主席。并拟定8月在江西庐山召开党的九届二中全会。毛主席要汪东兴同志回北京，向中央政治局传达他的建议，请中央政治局讨论。

3月8日下午，汪东兴同志从武汉乘飞机回到北京。3月9日，中央政治局召开会议，周恩来总理主持会议。汪东兴同志向中央政治局传达了毛主席的建议和意见。经过讨论，同意毛主席的意见。当即决定各有关部门分头进行准备工作。

3月9日，中央政治局根据毛主席的意见，着手研究并开始修改《宪法》草案工作。中央政治局对《宪法》草案和全会的有关文件，进行了多次讨论和修改，经过五个月的努力，将文件准备好了。并拟定了九届二中全会的议程：审议修改《宪法》草案，审议国民经济计划以及战备工作问题。

中央政治局将文件送请毛主席审定，毛主席审阅同意了。

8月18日下午，毛主席从杭州出发，19日下午到达庐山，在芦林湖游泳25分钟。之后进到芦林1号楼休息。晚上住在脂红路175号楼。我担负保卫毛主席和全会的安全任务，并列席了党的九届二中全会。

8月22日下午3时，在芦林1号楼，毛主席主持召开了政治局常委会议。林彪、周恩来、陈伯达、康生到会。会议商议由周恩来同志代表政治局向全会做政治报告。大家同意毛主席的意见。毛主席说："这次要开成一个团结的大会，胜利的大会。"

8月23日下午3时，全会开幕了。毛主席主持会议，周恩来同志做政治报告。

按照原定议程，周恩来总理做完政治报告后，接着是林彪做发言。林彪这时慢腾腾地从衣服口袋里掏出事先准备好的稿子，以"颂扬"毛主席和毛泽东思想为名，大讲"毛主席是天才，毛泽东思想是全面继承、捍卫和发展了马克思列宁主义。现在有人反对提毛主席发展了马列主义，反对提毛主席是伟大的天才"。"不要不服气，要承认天才，不承认天才是不行的。"

林彪在讲到毛泽东思想在我们一切工作中的指导作用时说："这一点各个地方各个同志，在这个问题上的认识可能是不一样的，这也是很自然的，一切事物总是不平衡的，总是有差别的。就是在党内也是不平衡的，你们是不是觉得老三篇不大起作用呀？我觉得这个东西还是起作用的，另外，还有其他的一些政策思想，以及哲学思想，这些都是起作用的，还有政治思想，多了！"在讲了这些以后，林彪还特别强调："我说毛主席是伟大的天才，我还是坚持这个观点……"

当天晚上，中央政治局开会，由周总理主持讨论国民经济计划。吴法宪突然提出："林副主席的讲话很重要，要求明天放一次录音，学习讨论三天。"

林彪知道8月23日晚政治局会上提出放他的讲话录音和讨论学习他的讲话非常高兴。他要林立果（林立果也在庐山）给吴法宪打电话，对吴法宪的做法表示肯定。

林立果在电话里说："你在政治局会议上所提出的意见很好，林副主席听了很高兴，表扬你，说你又立了大功！"

吴法宪按照叶群的授意，串联了空军、海军、总后的一些中央委员，要他们在小组会上发言。他说："林副主席的讲话，是有所指的，是不点名的点名。明天你们都要发言，就按林副主席讲话的调子讲，你们要拥护毛主席当国家主席、林副主席当国家副主席。"

之后，吴法宪又找到空军某部的王维国、陈励耘，说："林副主席的讲话，说到我们的心坎上了，这是大是大非的问题，是原则问题，也是对我们的支持，明天你们都要发言。林副主席的讲话，事先报告过毛主席。"

陈伯达连夜组织人编辑恩格斯、列宁、毛泽东论天才的几条语录，在小组会上发了。他还私拟了设国家主席一节的《宪法》草案条文。

8月24日7时，叶群、吴法宪、李作鹏、邱会作四人开会。叶群说："先给你们讲讲林副主席的意见，归纳为几点：（一）要表态拥护林副主席的讲话，坚持天才论；（二）要坚持设国家主席；（三）发言不要点名，不要扩大打击面，打击面宽了，毛主席那里通不过；（四）今天下午分组讨论，吴司令你最好先发个言，你开个头，给大家定个调子。"

吴法宪说："好的，好的。"

8月24日下午，陈伯达、叶群、吴法宪、李作鹏、邱会作分别到华北组、中南组、西南组、西北组进行活动。

在华北组，陈伯达很有煽动性地说："多么猖狂，有的反革命分子，听说毛主席不当国家主席，手舞足蹈，非常高兴，像跳舞一样高兴。有人不拥护毛主席当国家主席，有人利用伟大领袖的伟大谦虚，贬低毛泽东思想，不承认毛主席是伟大的天才。”

8 月 25 日上午，华北组将陈伯达的发言出了一期第二号简报。各组继续讨论。

在中南组，叶群发言说：“林彪同志在很多会上都讲了毛主席是最伟大的天才，说毛主席比马克思、列宁知道得多，懂得的也多，难道这些话都要收回吗？坚决不收回，刀搁在脖子上也不收回！如果不讲天才，马列还算不算数？”他们这些谣言集中爆发出来，欺骗了一些不明真相的同志。

王洪文以及上海小组，也大肆吹捧林彪的讲话，说什么“林副主席的讲话非常重要，给我们敲了警钟，不承认天才就是不承认毛主席的正确领导”。王洪文还授意某人为他起草一份《我们的态度》的讲话稿。

由于这伙人的煽风点火，制造混乱，使全会无法进行下去了。

二、庐山真面目

毛主席看了华北组第二号简报后，识破了他们的阴谋诡计。8 月 25 日，毛主席找林彪谈了话，周总理找吴法宪、李作鹏、邱会作谈了话，要他们向中央做检查。他们所在的会议小组简报还未发出，叶群等在小组会上的发言记录要全部私自收回，中央没有同意。

8 月 25 日下午，中央政治局常委召开扩大会议，各组召集人参加了会议。毛主席在会上宣布了三条：停止讨论林彪的讲话；立即收回第六号简报（华北组第二号简报），没有发的不要发了；责令陈伯达做检查。

毛主席说："设国家主席的问题不要再提了，谁坚持设国家主席，谁就去当，反正我不当！"毛主席对林彪说："我劝你也不要当国家主席。"

庐山会议前一段，黄永胜没有参加，但他准备讲话的调子与林彪是一唱一和的。当周总理通知李德生同志回北京把黄永胜换上庐山来时，黄永胜感到自己汇合到林彪"大合唱"的时候到了。但他一上庐山，发现庐山的"残云已去"，再不敢呼风唤雨了，只好把写好的讲话稿撕毁了。

王洪文也趁机转舵，把准备好了的讲话稿换成了批陈伯达的"天才论”。

会后，毛主席找人谈话，开小会。这样持续了六天时间，每天工作十几个小时，往往在凌晨一两点钟离开芦林1号楼回到住所。夜间庐山雾大，就像罩着蚊帐，浓雾滚滚，伸手不见五指，能见度极低，看不见路。毛主席要我多找几个马灯放在路上当路灯，有了马灯当路灯，还是看不见路。只好找两位干部手提着马灯，在车头两侧一边一个行进，车速不能快，只能徐徐行进。毛主席经过几天的调查研究，写出了《我的一点意见》，8月31日印发到会的全体同志。

毛主席的《我的一点意见》揭露和批判了陈伯达反动的资产阶级唯心论，驳斥了他的谣言和诡辩，阐明了马克思主义的认识论的基本观点。毛主席指出：“关于天才的材料，没有马克思的话。我跟陈伯达这位天才理论家之间，共事30多年，在一些重大问题上，就从来没有配合过，更不去说很好的配合。这一次，他可配合得很好了，采取突然袭击，煽风点火。唯恐天下不乱，大有炸平庐山、停止地球转动之势。”

陈伯达同林彪和他的老婆叶群以及掌握军队大权的黄永胜、吴法宪、李作鹏、邱会作等人，在会内会外四处活动，煽风点火，以拥护毛主席当国家主席为名，反对毛主席提出改变国家领导体制和不设国家主席的决策，妄想把林彪抬上国家主席的宝座。毛主席非常气愤地批判陈伯达是“大有炸平庐山、停止地球转动之势”。毛主席特别指出：“是英雄创造历史，还是奴隶们创造历史，人的知识（才能也属于知识的范畴）是先天就有的，还是后天才有的，是唯心论的先验论，还是唯物论的反映论，我们只能站在马克思列宁主义的立场上，而决不能跟陈伯达的谣言和诡辩混在一起。”“不要上号称懂得马克思主义，而实际上根本不懂马克思主义那样一些人的当。”

陈伯达是一个假马克思主义的政治骗子，是两面派、野心家。《我的一点意见》的发表，粉碎了林彪一伙向党夺权的阴谋诡计。

全会于9月6日下午闭幕。

9月7日，与会同志陆续离开了庐山。

毛主席当时的心情很不平静。直到9月9日上午，离开庐山，到了南昌。

10月14日，毛主席在吴法宪的书面检查上批道："作为一个共产党人，为什么这样缺乏正大光明的气概。由几个人发难，企图欺骗二百多个中央委员，有党以来，没有见过。"

毛主席还批道："办事组各同志（除个别同志如李德生外）忘记了九大通过的党章。""又找什么天才问题，不过是一个借口。"

10月15日，毛主席用铅笔在叶群的书面检查上批道："爱吹不爱批，爱听小道消息，经不起风浪。"还批道："九大胜利，当上了中央委员，不得了了，要上天了，把九大路线抛到九霄云外。""不提九大，不提党章，也不听我的话。陈伯达一吹，就上劲了。军委办事组好些同志都是如此。"

12月18日，毛主席在会见美国客人斯诺时，心里很不平静。斯诺一见面就说："你是一代伟人，我到中国来见到处都写着'四个伟大'。"

毛主席抢过话题，非常生气地说："什么'四个伟大'，讨嫌！总有一天要统统去掉，只剩下一个，就是教员。因为我历来就是当教员的，现在还是当教员，其他的一概去掉。"

之后，中共中央决定召开华北会议，由周恩来代表党中央，系统地揭发了陈伯达的罪行，并宣布了改组北京军区的决定：任命李德生为北京军区司令员，纪登奎为政治委员。而当时中央对林彪则采取了"保守治疗"的方针。不久，按照毛主席的指示，周总理还专门带李德生和黄永胜、吴法宪、李作鹏、邱会作去北戴河看望了林彪。路上，周总理对李德生同志说："毛主席要林彪出来参加一下即将召开的批陈整风汇报会，目的是给他一个台阶下。"可是林彪不接受教训，也不接受党对他的教育，一直往绝路上走了。

三、毛主席南巡

1971 年 8 月 14 日，毛主席乘专列离京去南方巡视工作。我带了一中队 100 余人，每人两支枪，一支手枪，一支自动步枪，还有机枪，负责保卫毛主席的安全任务。毛主席每到一个省、市，都找党、政、军负责同志谈话。巡视日程如下：

8 月 16 日，毛主席在武汉谈话，到会的有：华国锋、汪东兴和武汉军区政委刘丰、河南刘建勋、王新。

8 月 27 日，毛主席在长沙谈话，到会的有：华国锋、韦国清、汪东兴、丁盛、刘兴元、卜占亚。

8 月 31 日，毛主席在南昌谈话，到会的有：许世友、韩先楚、汪东兴、程世清、杨栋梁、文道宏。

9 月 2 日，毛主席在南昌同江西省某负责同志谈话。

9 月 10 日，毛主席在杭州谈话，到会的有：汪东兴、南萍、陈励耘、熊应堂、白崇善。

9 月 10 日晚，毛主席到达上海，当晚找王洪文、马天水、王维国和汪东兴谈话。

9 月 11 日上午，毛主席在上海找许世友、汪东兴、王洪文、马天水谈话。

9月12日，毛主席在北京丰台车站支线，找李德生、纪登奎、吴德、吴忠、汪东兴谈话。

毛主席同各地党、政、军负责同志谈话时，要大家唱《国际歌》和《三大纪律八项注意》。有的同志记不清歌词，毛主席就叫身边工作人员领唱。唱完后，毛主席对歌词的意义进行讲解。

毛主席在杭州时，就说："在座诸位，你们要学习列宁在纪念欧仁·鲍狄埃逝世25周年时写的那篇文章，要唱《国际歌》《三大纪律八项注意》，不仅要唱，还要能够讲解，更要照着去做。

"《国际歌》歌词和列宁的文章，全部是马克思主义的立场和观点。那里边讲的是奴隶们起来为真理而斗争，从来就没有什么救世主，也不靠神仙皇帝，全靠自己救自己。是谁创造了世界？是我们劳动群众。在庐山会议时，我写了一篇700字的文章，就提出是英雄创造历史还是奴隶们创造历史这个问题。我们的高级干部连什么是唯物论、什么是唯心论都不懂，这怎么行呢？我们唱了50多年的《国际歌》，就是要讲团结，没有讲分裂么！我们党内有人搞了几次分裂，我看还可能搞10次、20次、30次，你们信不信？你们不信，反正我信。到了共产主义就没有斗争了？我不信。这么个大国，这样多人不分裂，只好讲人心、党心、党员之心不赞成分裂。

"三大纪律八项注意条条要记清，全国人民拥护又欢迎。现在就有几条记不清了？如果都能记清，都能这样做，那多好呀！三大纪律第一条，就是一切行动听指挥，步调一致才能得胜利，步调不一致就不能得胜利。再就是八项注意第一条和第五条，对人民、对战士、对下级要和气，不要要骄傲，军阀作风坚决克服掉。这是重点，没有重点就没有政策，我希望用三大纪律八项注意教育战士、教育干部、教育群众、教育我们每一个党员。"

毛主席谈到《我的一点意见》时说："我找了一些人谈话，作了点调查研究才写的，是专门批天才论的。""天才问题是一个理论问题。我并不是不要说天才，天才就是比较聪明一点，天才不是靠一个人，靠几个人，天才是靠一个党，党是无产阶级先锋队。天才是群众路线、集体智慧。"

毛主席所到之处，都着重谈庐山的斗争问题，点名批评林彪、陈伯达和黄永胜等人。

毛主席指出："庐山这件事没有完，还没有解决……陈伯达后面还有人。

"我看他们的突然袭击、地下活动，是有计划、有组织、有纲领的。纲领就是设国家主席，就是天才，就是反对九大路线，推翻九届二中全会的三项议程……他们心里有鬼，有人急于想当国家主席，分裂党，急于夺权。

"林彪那个讲话事先没有同我商量，也没有给我看，事先连招呼都没有打。他们有话事先不拿出来，大概认为有什么把握了，好像会成功了。可是一说不行就慌了手脚。起先那么大的勇气，大有炸平庐山、停止地球转动之势。可是又赶快收回记录（叶群等要收回发言的记录）。既然有理，为什么要收回呢？说明他们空虚恐慌。

"庐山这次的斗争，林彪当然要负一些责任。他们先搞隐瞒，后搞突然袭击，五个常委瞒着三个，也瞒着中央政治局大多数同志，除了那几个大将外。

"由几个人发难，欺骗200多个中央委员，这在我们党有史以来是没有见过的。

"林彪犯的错误，全军的高级干部还不知道。他应当做检讨，我已经向政治局建议，他有'两难'：一是分裂我们的党难，二是回头难。

“对路线问题、原则问题，我是抓住不放的。重大原则问题，我是不让步的。回到北京，我还是要找他们谈的。他们不找我谈，我去找他们谈。犯了大的原则错误，为首的人，要改也难。有的可能救过来，有的可能救不过来，前途有二：一个可能改，一个可能不改，要看实践。”

毛主席谈到干部问题时说：“有些干部还没有站出来，我们的干部大多数是好的，不好的总是少数，对不好的干部要加以批评教育，对好的干部要表扬，但不能捧。二十几岁的人就捧为‘超天才’，这没有什么好处。”毛主席不点名地点了林立果，有人捧林立果是“超天才”。

毛主席说：“我一向不赞成自己的老婆当办公室主任，林彪那里是叶群当办公室主任。他们四个人（指黄、吴、李、邱）向林彪请示问题都要经过她。做工作要靠自己动手，亲自看，亲自批，不要靠秘书，不要把秘书搞成那么大的权，我的秘书只搞收收发发，文件拿来自己选，自己看，要办的事，自己写，免得误事。”

毛主席谈到对犯错误的干部怎么办时说：“还是教育的方针，‘惩前毖后，治病救人’。我们党有这么一个规矩，有错误不要紧，错了就检讨，允许改正错误。不管谁犯了错误，不讲团结、不讲政策、不讲路线，总是不好吧！”

想起陈伯达所讲的“伟大谦虚”，毛主席说：“什么伟大谦虚，在原则问题上，我从来没有客气过。要敢于反潮流，反潮流是马列主义的一个原则。我在庐山会议的态度就是一次反潮流。”我认为毛主席写的《我的一点意见》，不但从政治上击中了林彪反党集团的要害，而且从思想上揭露了他们唯心论的根源。毛主席南巡谈话，特别强调指出：“是唯物论还是唯心论，是英雄创造历史，还是奴隶们创造历史，这不仅是理论上的斗争，而且是党内两条路线的斗争。思想和政治两者是紧密联系的，是不可分割的。”

毛主席谈到军队工作时指出：“我不相信军队会造反，我就不相信你黄永胜能够指挥军队造反，军下面还有师、团，还有司、政、后机关，你调动军队来搞坏事，听你的？”

后来，毛主席指出：“实践证明，黄、叶、吴、李、邱五个人的检讨是假的，是阴谋，连熊向晖这样的干部都不让知道，这不是阴谋吗？我历来主张党内允许有公开的反对派，绝不允许有暗藏的反对派。搞阴谋，搞分裂，就是搞修正主义。真正搞马克思主义的人，就要讲团结，就要光明正大。黄永胜他们光明正大吗？完全不是。总而言之，庐山的事，根本没有完。”

毛主席最后说：“希望你们要搞马列主义，不要搞修正主义；要团结，不要分裂；要光明正大，不要搞阴谋诡计。”

毛主席曾对我说：“凡是要搞阴谋的人，他总是要搞上几个人在一起。”“要认真学习马列主义，提高识别真假马列主义的能力。我们要坚持真理，而真理必须旗帜鲜明，我们共产党人，从来认为隐瞒自己的观点是可耻的。”

四、毛主席闯险关

毛主席这次外出行动机警，严格保密。在各地住的时间，武汉住10天，长沙、南昌各住3天，杭州住5天，上海住一个晚上（住在专列上）。南京、济南、天津都没有停留。

毛主席南巡谈话的内容，是怎样被林彪一伙人知道的呢？本来毛主席交代："谈话内容不外传。"可是，1971年9月5日，李作鹏因外事活动来到武汉，刘丰把毛主席谈话内容告诉了李作鹏。李作鹏回到北京，马上将情况向黄永胜、邱会作报告了。黄永胜把情况立即报告叶群、林彪。

当日深夜，在北京的周宇驰打电话给广州空军司令部参谋长顾同舟，从那里了解到，广州军区正在向师以上干部传达毛主席在长沙向他们谈话的精神。周宇驰说："你们听完后也给我们传传。"到深夜11时30分，周宇驰要于新野打电话给顾同舟，终于了解到毛主席谈话的主要内容，并做了15页纸的记录。

9月6日，周宇驰亲自驾驶直升机飞到北戴河，找到正在那里谋划今后计划的林立果、叶群、林彪，把毛主席谈话的核心内容的材料送给了他们。他们看了材料之后，顿时惊恐不已，深感大难临头。9月8日，林彪写下了军事政变的手令："盼照立果、宇驰同志传达命令办！"

后来知道，他们要谋害毛主席，早就拟定了一个《“571 工程”纪要》政变纲领，建立了一支大小舰队。在审判罪犯时得知，毛主席南巡时，叶群已向黄永胜送去了一封秘密亲启的信：“现在情况很紧，我们决定在上海动手！”他们决定在上海采取三条措施：一是用火焰喷射器击毁毛泽东乘坐的专列；二是用 100 毫米口径高射炮平射火车；三是让南京军区空军某部政委王维国带上手枪，趁毛主席在火车上接见时动手……

叶群很注意毛主席的行动，对吴法宪说：“毛主席跑了一路，一定很疲劳，可能在杭州休息一段时间，国庆节前回北京，你要注意掌握他的行动，及时报告。”

林立果亲自到了杭州，同陈励耘谈了话。临走时，对其讲道：“毛主席到了杭州时，你千万要给我打个电话。”

这伙人每天都在密切注意毛主席到达什么地方，找谁谈话，谈的什么内容，要各地的同伙打听真实情况，及时报告。

1971 年 9 月 2 日，毛主席在南昌同江西省的一位负责同志谈话。这位同志听毛主席谈了庐山会议的问题，他联系自己知道的一点情况，向毛主席谈了三点：一是 7 月间，空军周宇驰两次跑到南昌活动，并运来一辆水陆两用的汽车，要江西帮助仿造，7 月底周宇驰用飞机又把汽车运走了。二是在庐山会议期间，吴法宪带他去见了叶群。叶群说：“不设国家主席，林彪往哪里摆！”三是林立衡同他妻子谈了林彪、叶群一些问题，林立衡要他不再同林彪一家人来往，搞不好是要杀头的。

当时，毛主席略有所思，没有讲一句话。

9 月 8 日深夜，毛主席突然下令，把专列从杭州笕桥机场停车点，转向去绍兴铁路的支线上停放了一天半。9 月 10 日下午 6 时离开杭州，晚上 9 时到达上海虹桥支线。毛主席让通知许世友明天到上海来。9 月

11日上午，许世友乘飞机到上海。上专列时，许世友问：“毛主席下不下车？”随行人员答：“毛主席不下车。”许世友上专列时，王维国跟在后面也想上来，我们没有让他上车，因为这次谈话没有他。

毛主席同许世友、汪东兴、王洪文、马天水谈话，不知不觉谈到12点多。毛主席对王洪文说：“今天中午你请客，陪陪这位老将军，到锦江饭店吃饭去。我们在这里等候你们。”

汪东兴同志送走许世友他们回来，毛主席说：“马上开车，我们走，不同他们打招呼。谁也别通知，先发前卫车。”

林立果、周宇驰一伙人正在北京西郊机场候机室里研究在上海谋害毛主席的实施方案。他们哪里想到，方案还未拟出来，毛主席便安然地离开了上海。下午6时专列到达南京车站。许世友也从上海赶回南京，急呼呼地来到车站，问毛主席下不下车？汪东兴同志告诉他：“不下车了，毛主席已经休息了。”专列停车10分钟后，继续北行。9月12日早晨6时，毛主席专列到达济南车站。我下去找杨得志同志，可是他外出了，不在济南。列车北行到了天津车站，毛主席突然说：“打电话通知李德生、纪登奎、吴德、吴忠到北京丰台车站支线开会。”

我当时想，快到北京了，毛主席怎么不回到北京找他们开会呢？那时毛主席虽然还没有发现林彪的政变阴谋，但事实上毛主席是有先见之明的。我打完电话后，专列风驰电掣般往北京开进。在9月12日12点多，列车到了丰台支线，通知来开会的四位同志也按时到达了。会议开了一个多小时。

毛主席说：“我同林彪同志谈过，他有些话说得不妥嘛！比如他说，全世界几百年，中国几千年才出现一个天才。马克思、恩格斯是同时代的人，到列宁、斯大林，一百年都不到，怎么能说几百年才出了一个呢？”“什么‘顶峰啦’，‘一句顶一万句啦’，你说过头了嘛，一句就是一句，怎么能顶一万句呢？不设国家主席，我不当国家主席，我讲了六次，一次就算讲一万句吧，那也是六万句，他们都不听嘛，半句都不顶，等于零。陈伯达的话对他们才是一句顶一万句。”“什么大树特树，名曰树我，不知树谁人，说穿了就是树他们自己。”“还有什么人民解放军是我缔造和领导的，林副主席亲自指挥的，缔造的人就不能指挥呀！缔造的也不是我一个人嘛！”

毛主席说：“黑手不止陈伯达一个，黑手后面还有黑手。”但是，毛主席也没有想到当天晚上会发生震惊中外的大事！

五、林立衡：“向张耀祠副主任报告，要保卫好毛主席”

1971年9月12日下午4时，毛主席安全地回到北京中南海。

当天下午，林立果一伙人正在西郊机场拟方案，得知毛主席回到中南海。林立果哭着说：“首长（指林彪）交给我的任务没有完成，首长把性命都交给我了，我怎么去见首长呢？”

叶群接到林立果的电话，急忙来到林彪的房间，老远叫喊起来：“‘一〇一’（林彪在战争时期的代号），不好了，老虎（林立果的小名）那里落空了，人家早就过了上海，已回到中南海，把我们蒙在鼓里，我们受了骗啦……”

林彪说：“慌什么，快、快执行第二方案。”原拟第二方案就是“政变不成功即逃往广州”。

林立果在北京西郊机场，慌慌张张要了一架256号三叉戟飞机，呼啸着飞到秦皇岛机场，晚上8时15分到达北戴河96号楼，林彪、叶群正在等候他的到来。林立果一到，三人便紧张商议外逃的方向。他们原定方案是政变不成功就逃往广州，另立中央，实行割据，形成南北对峙局面。但是，毛主席找广州军区司令员丁盛、政治委员刘兴元谈话后，俩人回到广州召开了师以上干部2000多人的会议，传达了毛主席谈话的主要精神。林彪知道这个消息后，害怕了，不敢往南，改向北逃往苏联。

他们商议时，正巧让林立衡听到了他们要逃跑。她立即跑到值班室找警卫秘书李文甫，要他“立即去向 8341 部队负责人报告”。李文甫说：“我离不开。”林立衡只好在晚上 9 时 50 分左右，跑到 8341 部队找到二大队队长姜作寿。她说：“林立果、叶群正在商量要挟持林彪逃跑，我要找你们的负责人报告。”

姜作寿说：“我们张宏副团长在这里，我叫他来。”

林立衡说：“请他快点来。”

姜作寿给张宏副团长打完了电话，在晚上 10 时 20 分给我打来电话，先将上述情况做了报告。我当即告诉姜大队长：“要派专人监视林彪住所的动静。”

我立即用电话把这个情况报告了汪东兴主任。汪东兴同志马上将情况报告了周总理。

周总理打电话查问吴法宪：“今天下午去秦皇岛的那架飞机是谁批准的？”

吴法宪支支吾吾说不清楚，经查是空军司令部副参谋长胡萍。

周总理对吴法宪说：“飞机必须马上回来，不准带任何人。”

吴法宪向周总理报告了假情况，说：“那架飞机是夜航试飞，出了故障。”

周总理指示：“飞机就停在原处不准动，修好了马上飞回来。”并补充说：“秦皇岛这架飞机起飞，必须有周恩来、黄永胜、吴法宪、李作鹏四个人一起下命令，飞机才能起飞！要李作鹏马上打电话通知秦皇岛机场负责人。”

但是，李作鹏通知时，说“四个人中有一个人的命令，飞机就可起飞”。李作鹏别有用心地篡改了周总理的命令。

晚上 11 点多钟，张宏副团长给我打电话说：“林立衡讲：林立果、叶群正在商量要挟持林彪今天晚上逃跑，还要派飞机轰炸中南海，暗害毛主席。林立衡让我立刻直接向张耀祠副主任报告，保卫好毛主席。”我接电话是在汪东兴主任秘书值班室，汪主任和秘书高成堂都在场。张宏说一句，我重复说一句，他们两人都听清了。

汪东兴同志立即用电话向周总理如实报告了上述情况。

之后，我向张宏同志交代了四条：（一）要派专人严密监视林彪住所的动静；（二）要组织好部队；（三）要准备好汽车；（四）一有情况及时报告。

据林立衡未婚夫张清林说：“叶群连找林立衡两次，第一次问她哪里去了，第二次来找时，叶群直接问：是否向 8341 部队报告去了？叶群显得很紧张。”

9 月 12 日晚 11 时 30 分，叶群为了掩盖逃跑企图，给周总理打了个电话。她说：“林彪今天晚上想动一动。”

周总理问：“是空中，还是地上？”

叶群说：“是空中。”

周总理说：“有飞机吗？”

叶群含含糊糊地说：“没有，报告总理后再调。”其实，飞机早由林立果从北京开来了，在秦皇岛机场等候。平时林彪外出乘飞机根本不向周总理报告，这次报告周总理，一个是试探，一个是为了遮掩林彪逃跑的企图。

周总理说：“夜间飞行怕不安全吧！”

叶群说：“不要紧，林彪想看看夜景。”

是夜 11 时 40 分，张宏报告：“林彪他们调汽车了。”

我问张宏："你们准备好了没有？"

张宏说："准备好了。"

我对张宏说："他们走时，你们要跟上他们，要特别注意他们去的方向。"

这时还没有报告毛主席，中央还没有指示，我只能向张宏交代注意林彪去的方向。

我放下电话，"叮铃……"又是张宏的电话，说："林彪他们出来了，刘沛丰手提四个皮包先上了车，林立果、叶群、林彪后上车，李文甫上车后，汽车开走了。汽车离开96号楼后，路上被8341部队二大队一中队队长肖奇明挡了一下，没有拦住。汽车跑出2000多米，李文甫叫停车，他从车内跳出来，与此同时连响三枪，可能是林立果他们打的。李文甫左手受伤。肖奇明听到枪声，也还击了两枪。林彪的汽车加大了油门，以每小时100公里的速度向秦皇岛机场飞驰而去。"

"九一三"事件已经过去了37年。我们必须正视历史。林立衡同志是林彪、叶群的女儿，林立果的亲姐姐，但在那天晚上，林立衡一个人勇敢地从驻地偷偷地跑出来，向8341部队张宏副团长报告了"叶群、林立果要挟持林彪逃跑，他们要暗害毛主席、派飞机轰炸中南海"这个特急的情况。当飞机起飞后，林立衡同志又给我打了两次电话，头一次她说飞机起飞了，听到了飞机的响声；第二次她问飞机截住了没有，表示出她对此事的关切。

我认为林立衡同志及时向党中央报告林彪出逃事件，她的行动是正确的，是热爱党、关心毛主席的安全，是有功的。她同叶群、林立果划清了革命与反革命的是非界限。由于她及时报告，至少使党中央和毛主席及早知道了林彪几个人的叛逃。林立衡同志当时说叶群、林立果"挟持"林彪逃跑，这可能是对林彪的本质没有看透，不知道林彪、叶群、林立果是一伙阴谋搞军事政变的，总头子是林彪，他急于篡党夺权，取代毛主席的职位。

9月13日零点22分，林彪的汽车一进秦皇岛机场，直奔停机坪，开到256号专机附近。汽车还没有停稳，叶群先跳下车，高声喊叫："有人要害林副主席，我们要走了！"

叶群、林立果、刘沛丰拿着手枪乱喊："快，快，快起飞！"他们不等飞机加完油和打开机舱门、架舷梯，就顺着驾驶舱的小梯子往上爬。

叶群看到8341部队汽车从后面赶来时，顾不上等机组人员和搬运车上携带的机密文件与贵重物品上飞机，什么都不要了，命令驾驶员启动飞机快起飞。顿时，震耳欲聋的马达声响彻静谧的夜空。

9月13日零点32分，林彪乘坐的飞机，在一片漆黑中强行起飞。机组的副驾驶员、领航员、报务员和服务员都没有来得及上飞机。

8341部队的吉普车、大卡车还未赶到机场，飞机已经起飞了。张宏同志带领几个同志，把那些未能走了的人，包括专机的副驾驶员、领航员、报务员和服务员等，统统集中到候机室听候处理。

周总理来到毛主席住所，将林彪逃跑的情况，向毛主席做了简要报告，并问："怎么办？打不打，还在射程之内。"

毛主席说："不要打。天要下雨，娘要改嫁，都是没有法子的事，由他去吧。"

周总理向全国发了紧急"禁空令"："关闭全国机场，所有飞机停飞，开通全国雷达监视天空！"同时，向各大军区、省、市、自治区主要领导同志通告了情况。

9月12日晚，林立果按照林彪的决定，给北京周宇驰打电话，命令他说："南去不成，速向北逃。"

9月13日凌晨3点15分，沙河机场报告说："起飞了一架直升机，北上向张家口方向飞去了。"

周总理得知后报告了毛主席，毛主席问："又是哪几个人？"周总理说："有周宇驰、于新野……"毛主席说："拦截回来，迫降，不听就打下来！"

不久，周宇驰等乘坐的直升机被迫降在怀柔境内。被逼迫驾驶飞机的陈修文同志机警地把飞机转向北京，被周宇驰发觉，陈修文同志在搏斗中光荣牺牲。

飞机迫降后，周宇驰、于新野、李伟信决定自杀。怎样自杀呢？周宇驰说："我打死于新野，李伟信打我。"于新野说："这样不好，我们还是自己打死自己吧。你喊一、二、三，各自开枪。"三人同意了，由周宇驰喊"一、二、三"，随即响了两枪，周宇驰、于新野均自己开枪打死了自己。李伟信不想死，没有开枪，被活捉了。

最后，从直升机上缴获了林彪反党集团阴谋政变的全部罪证，包括《"571工程"纪要》、大小舰队的名单、机密文件、军用地图、金钱等。这些罪证对于处理林彪反党集团提供了极大的方便。舰队名单是他们的政变骨干，经毛主席决定，将舰队名单上的93人全部抓起来进行审查。

9月14日下午，外交部接到我国驻蒙古大使馆的报告，9月13日凌晨2时许，林彪叛逃所乘的中国民航256号三叉戟飞机在蒙古人民共和国的温都尔汗荒原坠毁，机上林彪和他的老婆、儿子等八男一女全部摔死了。野心家、阴谋家林彪反党叛国，落得个折戟沉沙、遗臭万年的下场。

六、江青要把林彪作为接班人写进党章

我始终想不通一个问题，为什么要把林彪作为“接班人”写进党章，是谁提议的？林彪折戟沉沙后，我问过汪东兴同志。我说：“为什么要把林彪作为接班人写进党章，是谁提议的？”

汪东兴同志说：“是江青提的。”

1968 年 10 月 17 日，中共八届十二中全会讨论修改党章时，江青提出，“林彪同志很有无产阶级革命家的风度。”“他那样谦虚，就应该写在党章上。作为接班人写进党章。”她进一步强调说：“一定要写！”

10 月 27 日，讨论党章时，江青“坚持要把林彪作为毛主席接班人这一条写入党章”。

1969 年 4 月，中央讨论修改党章的会议上，江青说：“林彪的名字还是要写上。我们写上了，可以使别人没有觊觎之心，全国人民放心。”

张春桥第一个赞成，说：“是这样的，写在党章上，这就放心了。”

康生极力吹捧林彪，说：“八届十中全会确定林彪同志为毛主席的接班人，是关系到我党、我国今后命运，关系到我国革命和世界革命的大事。林彪同志很谦虚，他要求党章草案把提到他的那一段话删去。我们的意见，这一段话必须保留。林彪同志是毛主席的接班人，这是

会上公认的，是当之无愧的。”又说：“我的意见，林彪同志是毛主席的接班人，应当写入党章。”

之后，起草报告的人对毛主席也不同程度地说了点不切实际的话。他们对毛主席讲：“大部分同志要求把林彪作为毛主席接班人写进党章，写进九大政治报告和决议中，以进一步提高他的威望。”

康生吹捧林彪时，他自己心里也不是滋味，起初提出候选人有康生，但是在无记名投票时，康生少了几票。当天晚上，他把汪东兴同志找去了，追查谁没有投票。汪东兴同志说：“谁没有投票，我怎么知道？那是无记名的投票。”

关于林彪的名字是否写进党章的问题，毛主席考虑了一个晚上，最后对写作班子说：“既然大多数同志都同意，那就把林彪写进去吧。”

毛主席哪里知道呢？实际上，只有江青、康生、张春桥等为此事闹腾。许多同志虽然口头上同意，但内心里却不赞成，因为选定林彪作为接班人，是毛主席提出来的，所以只好附和同意了。

此后，江青跟林彪的关系便难以琢磨了。

江青好多事情不得不倚重林彪。林彪虽然在许多场合也在吹捧江青，但林彪的眼睛主要还是盯着毛主席。于是江青和林彪两人总是“换手搔背”，相互利用着。

多少年来，林彪一上台就用“天才”“句句是真理”“一句顶一万句”，“文化大革命”开始后，又用“语录”“口号”“四个伟大”“大树特树”等吹捧毛主席。林彪是“语录不离手，万岁不离口，当面说好话，背后下毒手”的急于夺权的野心家、阴谋家。

林彪、叶群在各种会议上也高度评价江青，给江青许多桂冠，这对想当副主席的江青来说，是求之不得的支持。毛主席在会上讲江青不能当副主席，江青非常需要林彪、叶群为自己“提高威望”。林彪认为江青没有什么了不起的，只是看到毛主席这里的分量太重要了。

说实在的，江青并不希望林彪当副主席，但林彪还是当上了。在万般无奈的情况下，就不得不在各种场合支持、吹捧他。因此，她心里还是很矛盾的。

江青与林彪的关系就是这样微妙。互不往来，尽管相互支持，却又都不公开他们各自心中的账。

江青有些好事可以做，但坏事做起来特别心狠手辣，林彪、陈伯达对此是很害怕的。

那么，陈伯达对江青与林彪二人的态度呢？在“文革”时期，陈伯达是“中央文革小组”组长，江青是副组长。开头，天天处在一起。时间一长，陈伯达对江青的所作所为了如指掌。发现江青对事对人经常不分是非，不讲道理，疯狂害人，担心自己落得个不死不活的下场，所以后来只好倒向林彪。而林彪正缺“文人”，很快，林彪、陈伯达搞在了一起。

尽管陈伯达找到林彪做“保护伞”，但他哪里斗得过江青。本来，毛主席指定由陈伯达、张春桥、姚文元三人起草九大政治报告，但张春桥、姚文元跟江青是铁了心的，在“文人相轻”和“难有共鸣”中，陈伯达一下子被孤立了起来。

但是陈伯达并不罢休，他这块老“姜”确实比张春桥、姚文元“辣”得多。他很快写出了政治报告（初稿）。张春桥、姚文元联合了康生，但送到毛主席那里还是晚了一步。

一天晚上，陈伯达送报告给毛主席。毛主席当即边看边提出修改意见，陈伯达坐在一旁，一字一句地记下来了。陈伯达离开毛主席那里，显得很得意。他把毛主席的意见报告了周总理，却没有同张春桥、姚文元和江青说一声。

江青他们知道后，就拿这件事向陈伯达开刀，说陈伯达“封锁毛主席的声音”，勒令陈伯达做检讨。

后来，毛主席用了张春桥、姚文元起草的政治报告稿。

毛主席批评道：“陈伯达太不像话，怎么能单干呢？这不好嘛！”

当陈伯达在1970年庐山会议上极力吹捧林彪时，毛主席说：“这个人成心要把事情搞乱。林彪白天来了个突然袭击，陈伯达就在晚上搞袭击，不知道他们究竟要干什么？”

陈伯达倒台了，江青高兴了。封锁毛主席的声音问题，江青没有整倒陈伯达，陈伯达还排行第四。可这回陈伯达什么都没有了，江青兴奋得四处请客庆祝，说：“对陈伯达早就该整一整了，现在终于把他拉下来了，真是大快人心啊！”

1970年11月16日，中央下达了《关于陈伯达反党问题的指示》，把陈伯达的问题定性为“假马克思主义者、野心家、阴谋家”。

林彪与陈伯达不一样，作为接班人，林彪被写进了党章，毛主席当时很慎重，没有把林彪和陈伯达搞到一起批判，决定“保林批陈”。就是在党内批陈整风运动中，毛主席也很少提及林彪的问题，其用意是很清楚的。但林彪开始磨刀了，他决心搞军事政变，篡党夺权。

过了一段时间，江青感到林彪还是“稳”的，觉得写进党章的东西还是管用的，于是江青主动上门给林彪拍了一张学习毛主席著作的照片，发表在第7、8期《人民画报》合订刊和《解放军画报》合订刊上，题目为“孜孜不倦”，署名为“峻岭”。

林彪叛逃后，江青摇身一变，成为批林的先锋，被任命为“林陈专案组”的主要成员。位子也显赫起来，在党和国家领导人中排第四位，居于周恩来、康生之后。

1971年10月3日，中共中央下达了通知：“为彻底审查、弄清林、陈反党集团的问题，中央决定成立中央专案组，由周恩来、康生、江青、张春桥、姚文元、纪登奎、李德生、汪东兴、吴德、吴忠10人组成。在专案组领导下，设立工作机构，由纪登奎、汪东兴两同志负责进行日常工作。各地、各单位今后凡向中央上报有关林、陈反党集团的揭发材料，统一以绝密亲启件送交中央专案组统一处理。”这些专案的工作量很大，时间也较长。

当揪出林彪的一批黑干将后，毛主席的身体、精神明显不如以前了，人也变老了。他对国家前途命运苦苦思虑着，白发骤增。我们无不为毛主席的健康而焦虑。

江青却趁这个机会四处表现自己，踌躇满志。早在党的九大时，她就想当个副主席，这回她又在思考当副主席的问题了。为了表明自己的思想立场，她口是心非地声讨林彪说：“这几年林彪采取种种阴险毒辣的手段，想把我干掉。”她还说：“我是在与林彪的接触中，并同他进行斗争中逐步了解了林彪。”

江青似乎忘记了，把林彪作为接班人，并坚持要把林彪写进党章，就是她首先提出来的。这又做何解释呢？能说她不了解林彪吗！

七、毛主席说：“你接触林彪才两次，我和他的来往比你多”

1971 年 12 月 30 日，中南海游泳池。

晚上 7 时 30 分，我怀着一颗坦诚的心，手上拿着检查材料去向毛主席报告。毛主席正坐在大厅聚精会神地看书，我怕打扰毛主席看书，便犹豫了一下。为了早些把我做的几件“错事”向毛主席报告，我就走过去对毛主席说：“毛主席！我写了一个检查，请您看看。”

毛主席抬起头来：“你有什么问题呀？”

我说：“我和林彪有过两次接触……叶群也想拉拢我。”

我把书面检查上的几个问题，简要地向毛主席讲了一遍。

毛主席说：“要靠正确路线。王明错误路线搞了 4 年多，来了个二万五千里长征。不要靠个人，要靠集体，我也是个人，要靠中央。

“林彪的问题是全党的问题，像你这样的干部，比你更高的也有陷得深的。林彪搞了好久，我说了一次（1971 年 8 月、9 月毛主席南巡谈话），广州军区丁盛、刘兴元召开了 2000 人师以上干部会，传达了我谈话的主要精神，林彪就不敢去了（林彪逃往广州的阴谋破产了）。

“你接触林彪才两次，我和他的来往比你多。你不知道林彪搞阴谋政变，我也不知道。凡是要搞阴谋的人，他总要搞几个人在一起。

要认真学习马列主义，提高识别真假马列主义的能力。我们要坚持真理，而真理必须旗帜鲜明。我们共产党人，从来认为隐瞒自己的观点是可耻的。你这些问题检查一下，就算了，你把心放下来，我们主要是教育。”

我跟随毛主席前后40多年，毛主席从未严厉批评过我，这次对我的谈话，态度非常中肯温和。他的亲切教诲，我永记心中，终生难忘。

毛主席拿着我的检查，说：“你把这个东西先放在这里，我看一看也可以。”

毛主席看了我的检查，于1972年1月10日交给了吴旭君护士长转我。毛主席说：“把这个东西退给张耀祠自己保存，就是那些问题。”

毛主席让吴旭君同志转告我，今后注意几条：

1. 不要拉关系。

2. 不要串门子。

3. 不要请客送礼。

4. 不要请人看戏、看电影。

5. 不要同别人照相。

此后，我特别注意毛主席讲的这几条。

不管怎么讲，无论是毛主席，还是周总理，都是非常宽容的人，始终在政治上关心教育干部。他们总是对人说：“有错误就改，改了就是好同志。”

在那个时候，跟林彪频繁接触的人是不少的，有的是工作关系，有的是私人关系。但是，毛主席都区别对待，正确处理敌我矛盾和人民内部矛盾。

1974年，中央在北京召集各省、市、自治区、中央、国家机关和军队负责同志会议，由周总理主持。这次会议的目的，是为了帮助同林彪反党集团斗争中犯有错误或有牵连的同志，让他们有一个检查交代和说明问题的机会。

第一天会上，有王某某同志等检查和说明问题。他们的检查非常好，讲得很客观，把问题说得很清楚，周总理听了也很高兴。

当天晚上，周总理打电话向毛主席汇报了会议的情况。毛主席听后问道："大家鼓掌了没有？凡是在会上做了检查交代和说明问题的同志都要鼓掌欢迎。今天会上没有鼓掌的，明天开会要宣布鼓掌。"

毛主席对待犯错误的同志（不是主谋或是参与阴谋的骨干），不论错误大小，总是耐心等待觉悟过来，只要真心诚意，自觉自愿，向党说了真话，不隐瞒事实真相，都是会受到欢迎和谅解的。为了党和人民的事业，毛主席一贯坚持从政治上关心爱护干部，从思想上教育干部，采取团结—批评—团结的方针。

第五章
毛主席在滴水洞的前后行踪

关于毛主席在滴水洞与世隔绝 11 天，社会上众说纷纭，被传得沸沸扬扬。的确，这 11 天是毛主席思绪最复杂的 11 天，也是谜一般的 11 天。在这个“西方山洞”里，他唯一的一次外出，仅走出洞口约 300 米远，没有见过任何人。

一、在杭州，叶群密告罗瑞卿总参谋长的状

1965 年 10 月，毛主席住在杭州汪庄。这里环境清幽，是一个休闲和思考问题的好地方。也正由于杭州山清水秀，中央在这里召开过许多会议。我国的第一部《宪法》，就是毛主席在 1953 年 11 月带领一批人在杭州起草的。

11 月下旬，杨成武同志住在杭州空军疗养院。一天，他给我打了个电话，叫我到他那里去一趟。当时我想，他可能有什么事，不然不会找我的。当天下午，我到了他的会客室，见了面，没有说上几句话，叶群便走了进来。

叶群开门见山地对我说："我这次来，是林彪委托我带来一封面交毛主席的信，请你带去交给毛主席吧。"

说完，叶群很神秘地离开了会客室。

过了一会儿，叶群又折回来了，对我说："我给林彪打了个电话，林彪说：信要我当面交给毛主席。"

我说："好，你当面交。"我将信又还给了她。当时，我琢磨不透，叶群在耍什么花样？这里面可能有鬼。

叶群拿上信离开了会客室，也没有向我说要见毛主席。

杨成武同志对我说："很久没有见到毛主席了，很想去看一看毛

主席。”

我说：“我给你向毛主席报告一声。”没有别的事，我告辞后，离开了空军疗养院。回到汪庄，我将上述情况分别向毛主席报告了。

毛主席听后“噢”了一声，没有说什么话。

第二天早晨5点钟，吴旭君护士长打电话通知：“毛主席要见叶群，请你打电话叫叶群快点来。”

我给叶群打完电话，来到毛主席住所等候。过了一会儿，叶群来了。我对她说：“毛主席还没有睡觉，谈话不要超过2小时。”我陪她进到会客室，毛主席早坐在会客室等她了。

毛主席同叶群谈了2小时，她还没有出来，我到会客室催了第一次。到了3小时，我去催了第二次。我说：“已经谈了3小时了。”到了4小时20分钟了，叶群还没有出来，我又去催了第三次。我说：“已经谈了4小时20分钟了，毛主席该休息了。”

我每次进去催他们结束谈话，毛主席都没有说什么。

同毛主席谈了4小时55分钟，叶群才得意扬扬地走出来，眼里透出胜利的喜悦，上汽车走了。

我三次走进会客室，只能听到叶群谈话的片段，联系起来看是叶群代林彪来杭州告罗瑞卿同志的状。她说：“我过去对罗瑞卿是毕恭毕敬的，没有想到罗瑞卿跟林彪的关系搞得这个样子……罗瑞卿掌握了军队大权，又掌握了公安大权，一旦出事，损失太大了，他的个人主义已经发展到野心家的地步，除非林彪把国防部长让给他。”“林彪的位子让给他没有关系，但他会不会发展到逼上夺位的程度呢？我想是会的。毛主席！他是两眼盯着这个位置的。”叶群还罗列了罗瑞卿同志的一些问题，说：“罗瑞卿反对林彪‘突出政治’，说什么‘病号嘛，还管什么事，病号应让贤！不要干扰，不要挡路’。”

当天下午，叶群回到苏州。她打电话给吴法宪说：我去杭州向毛主席汇报了罗长子（瑞卿）的问题。你不要外传。

毛主席那时对叶群代林彪谈的这些问题，虽然半信半疑，但毛主席对罗瑞卿同志的看法变了。

第三天，毛主席要见杨成武同志。我打完电话，杨成武同志很快来了。我陪他去会客室见毛主席，并告诉他谈话不要超过 2 小时。

杨成武同志跟毛主席谈话 1 个多小时就出来了。

1965 年 12 月上旬的一天，毛主席从杭州来到上海。12 月 8 日至 15 日，中央召开紧急会议。参加会议的同志事先都不知道会议内容，在毛主席住所休息室等候。

谢富治东张张、西望望，发现罗瑞卿总参谋长没有来，于是就问："罗总长怎么没有来？"

其他一些同志都站在一旁闲聊，没有谁去搭理他。

谢富治这边转转、那边看看，还是没有看见罗总长。他又问："罗总长没有来，是不是忘了通知他？"

叶剑英同志看他老问这个事情，说："毛主席不会忘事。"

看来叶剑英同志已经知道了一点来头。

这次上海会议是解决罗瑞卿同志的问题，是头一次会议，是不可能让罗瑞卿到会的。

会上，主要说罗瑞卿反对林彪的问题，罗列了许多罪名。罗瑞卿同志一直不承认那些不实之词，再三说明自己是支持和拥护林彪的领导的。他受了不少冤屈！

"九一三"事件后，对罗瑞卿同志的问题，毛主席做了自我批评，说："偏听偏信不好，我也是半信半疑听了林彪的一面之词。"以后对罗瑞卿同志的冤案做了彻底的平反。

二、《二月提纲》收发内情

上海会议后，毛主席又回到杭州汪庄。

1966年1月中旬，毛主席由杭州来到武汉，住在东湖宾馆。2月8日，彭真、陆定一、许立群等同志来到武汉向毛主席汇报《二月提纲》的问题。当时，毛主席问了一些情况，没有说不要发表。在北京经会议讨论修改后，2月12日，《二月提纲》下发了（这个文件我看了一遍，后来不知为何收回去了）。

以后才知道，这个文件是彭真同志批发的。康生看到文件后，心里非常不舒服，说："这个文件没有给我看。"

很快，康生把这件事告到毛主席这里来了。

康生要开会批彭真同志。他想先开个预备会，统一一个口径，然后正式开会批彭真同志。但是康生会前没有找毛主席商量好。4月的一天，在杭州汪庄，毛主席让秘书徐业夫通知开会，他通知了刘少奇、邓小平、康生、彭真。这样，康生想开两次会议，变成一次会议了。在会上当面锣对面鼓，该怎样批呢?

康生在会上一本正经地说："我反对《二月提纲》。《二月提纲》发出前没有给我看，我不知道，文件发出之后我见到了，这是彭真批发的。"

康生是一个精于权术的人。《二月提纲》是 2 月 12 日印发全党的，康生看到势头不对了，便见风使舵，进行反戈，极力攻击彭真同志，说《二月提纲》是“彻头彻尾的修正主义文件”。

彭真同志说：“文件经过会议讨论，修改后，送康生看了才批发的，怎么没有给他看呢？”

会议开了半天，就围绕看没看而争论。毛主席说：“把《二月提纲》收回来。”这样会议结束了。

参加会议的同志走出大门，我站在大厅门口。这时，康生走来了，他冲着我阴阳怪气，没头没脑地问：“张耀祠，你今年多大了？”

我说：“我 50 岁了。”

显然，康生感觉我是在装傻，就没有好气地说：“你不聪明啊？”

我顶了他一句：“我就是不聪明！”

后来，康生把汪东兴主任叫去了，问道：“今天开会，张耀祠怎么把彭真搞来了？”

汪主任说：“这你不能怪他。通知开会、管文件是秘书徐业夫的事，张耀祠是主管毛主席的安全。这有明确的分工。”

汪东兴主任第二天来汪庄，把这个情况告诉了我。我也把康生说的话向汪主任说了。

我觉得这件事，要报告毛主席。第二天，我把康生说的这件事的原委，向毛主席报告了。

毛主席说：“没有关系，让彭真来听一听也好嘛！”毛主席没有批评我。

这件事情就这样过去了。

6 月，毛主席决定去长沙。

三、传说中的“西方山洞”

在韶山西面，有三座山峰，南面是龙头山，北面是黄峰山，西面是牛形山，滴水洞就被环抱其间。它占地约5平方公里，只有一条公路蜿蜒能至。它的豁口是韶山水库，深幽清雅。三面树木挺立，杜鹃火红。有两山陡立，过去原有一桥，桥下是小溪，桥头边有一个山洞，即使天干大旱，洞中仍滴水不断，回声悠扬，其韵如琴，这就是滴水洞。只因毛主席由东而至，所以称它为“西方山洞”。

毛主席的祖祖辈辈都在这里辛勤劳作。当地人很迷信风水，毛主席的祖父也是很信这个东西的。

有一次，毛主席讲：“我的老祖宗就住在滴水洞旁边的虎歇坪，为了选择这个地方，请风水先生卜了11天时间。”

毛主席还讲：“为什么又搬到上屋场（现为毛泽东故居）来了呢?我父亲早年还是一个很勤奋的人，他没有看重风水，而是看重了这一片的土地好。”

毛主席给我们讲了一件趣事：他的祖父毛翼臣有一个哥哥叫毛德臣，他们在虎歇坪干活时，发现这个地方很干燥，任何时候的雨水都淋不到。毛主席说：“他们活着就在考虑死后的归宿，两人都想埋在这里。还不仅仅因为这里干燥，因为他们请了一个风水先生看了的，说这里是一个风水宝地，正好在‘龙脉’上。于是两兄弟争吵不休。”毛主席笑着说：“我看这个风水先生既会挑拨离间，又能平息一些事情，他说：‘这块土地告诉我，你们两人谁先死谁就埋在这里。’奇了，风水先生还能与土地对话。”他还说：“只有在封建时代是这样，谁愿意早一点死呢？死是一种自然规律，谁又控制得了呢？”

毛主席沉静地讲道：“不过，老祖宗是不能忘记的，我至今还很怀念我的母亲。我母亲非常善良，非常慈祥，济困扶贫，爱老怜幼，我不能忘记她啊！”

毛主席讲这番话时，两眼含着泪光。谁能理解毛主席的这一孝母之心呢？有一次，毛主席看韶山县志，说：“蒋介石要挖我的祖坟，这是失民心嘛。失民心者失天下。”毛主席讲这话时，是很高兴的，因为中国共产党最终胜利了，打败了蒋介石。同时，从另一个方面看，毛主席也是很讲民心的，他有一颗慈祥的心。

在大搞农田基本建设中，截断了山沟，滴水洞不复存在了，但两山相夹，仍是一个大洞。毛主席对滴水洞有着特殊的感情，他的很多亲人去世后就埋在这一带山上。

毛主席喜欢这个地方，夏日凉风习习，气候宜人，是一个避暑的好地方。1959 年 6 月 25 日晚 7 时左右，毛主席回到了阔别 32 年的故乡韶山。陪同毛主席的有公安部部长罗瑞卿、湖南省委第一书记周小舟等同志。那次，我没有去。但后来得知毛主席对周小舟同志建议说：“你们省委研究一下，在这个山沟里修几间茅草房，省里开个会，其他领导来休息一下也可以嘛！”

毛主席又讲：“我老了回来住一住。”

毛主席讲的修几间茅草房，两年后变成了几座别墅。

在滴水洞的万绿丛中，有一座青灰色的四屋脊的平房，那就是被称作 1 号楼的房舍，是毛主席的下榻处。1 号楼背靠毛家的祖坟，由坟地延伸而至，面朝龙头山，似乎也有风水先生测定。房屋倚山而建，房内有会客厅，还有两套住房。从 1 号楼至 2 号楼的回廊上，有几间偏房，是给工作人员居住的。1966 年，我随毛主席南巡，就同湖南省公安厅副厅长高文礼、新华社摄影师钱嗣杰住在 2 号楼。2 号楼是 2 层楼的客房，共有 24 间。3 号楼有 3 层，就在进洞不远的山脚下，距 1 号楼约有 600 米，是 8341 部队和省委接待处同志的住宿地。

20 世纪 60 年代初，滴水洞一度成为禁区。修建它的时候，被称为“二〇三”工程，对外是绝对保密的。修成后，除个别领导同志在此小住外，一般人不得进入。由此，本来就很神秘的滴水洞，越发蒙上了神秘的色彩。

四、毛主席走进“西方山洞”

1966 年 6 月 15 日，毛主席乘专列离开了风景秀丽的杭州，当日到达南昌住了一晚。

6 月 16 日，专列直奔湖南长沙。毛主席在九所 3 号楼住了一个晚上。

6 月 17 日下午 3 时，湖南省公安厅副厅长高文礼、省委接待处处长肖根如陪同我们一道直奔滴水洞而来。

毛主席坐在一辆吉普车上，我和高文礼同志坐在前卫车上带路。毛主席的一前一后均有轿车，前后轿车上面坐的都是警卫人员。

到了滴水洞口，毛主席住 1 号楼，8341 部队一部分住进了 3 号楼，我和高文礼、钱嗣杰及一部分警卫部队住 2 号楼，都是事先安排好了的。毛主席下了车，沿着 1 号楼边走边看，抬首望望葱绿的群山，高兴地说：“这个洞子天生一半，人工一半，怕是花了不少钱哪！既然修了，就要管理好，不要破坏了。”

这是毛主席继 1959 年后第二次回故乡。那一次，他写下了“为有牺牲多壮志，敢教日月换新天”。这一回，他又要写下一些什么呢？我们揣摸不透，但是可以看出，毛主席是有心事的，需要有一个安静的地方，思考问题。毛主席选了家乡的滴水洞，这是有历史意义的。

时值仲夏，气温较高，滴水洞别墅没有冷气设备。肖根如处长亲自从长沙用卡车拉来几个大木桶和几块冰，冰块放在木桶里，用电风扇把冰块吹融变成冷气，使室内温度降低。这项工作由郭国群、曾彩谋同志精心管理，搞得很好。

毛主席看了很高兴，幽默地说："这种'土空调'不错嘛。"

五、毛主席在滴水洞思考什么?

1966 年 6 月 17 日，毛主席来到“滴水洞”，日日夜夜看文件、材料、报纸等。他特别看了 5 月 18 日林彪在北京中央政治局扩大会议上的讲话。林彪专讲“政变”问题。林彪说：“政变，现在成为一种风气，世界政变成风。改变政权，大概是这样的：一种是人民革命，从底下闹起来，造反。如陈胜、吴广、太平天国、我们共产党都是这样。一种是反革命政变。反革命政变，大多数是宫廷政变。内部搞起来的，有的是上下结合，有的是和外国敌人颠覆活动或者武装进攻相结合，有的是和天灾相结合，大轰、大乱、大闹。历史上是这样，现在也是这样……”

林彪讲了国际上的政变后，大谈中国历史上的政变情况，说：“辛亥革命孙中山当了大总统，3 个月就被袁世凯夺取了政权。4 年后，袁世凯做了皇帝，又被人推翻。从此，军阀混战了十几年，两次直奉战争，一次直皖战争……

“这些历史上的反动政变，应该引起我们惊心动魄，高度警惕。

“我们夺取了政权 16 年，我们无产阶级的政权会不会被颠覆，被篡夺？不注意就会丧失……”

然后，林彪又大讲个人崇拜。他说毛主席的伟大作用时，不是论述毛主席正确的政治路线，而是大讲“天才”论，“句句是真理”，“四个伟大”，“大树特树”等。

毛主席一向反对个人崇拜。早在1948年8月15日，他在写给华北大学校长吴玉章的信中，就坚决反对把他的名字与马恩列斯并列，指出：“‘中国革命经验’是包括中国共产党人（毛泽东也在内）根据马恩列斯理论所写的某些小册子及党中央各项规定路线和政策的文件在内。”“因此不能说毛泽东主义。”

1950年5月，毛主席获悉沈阳市决定为他铸造一尊铜像，当即表示反对。5月20日，他在沈阳市政府致中央新闻摄影局的公函上指示：“铸铜像影响不好，故不应铸。”并在公函“铸毛泽东铜像”旁批道：“只有讽刺意义。”

毛主席讨厌个人崇拜，说：“‘紧跟’‘三忠于’‘四无限’，讨嫌。‘跟’应当跟党，我历来是路线对了，我支持；错了，我反对，敢于反潮流。‘跟’不要跟个人，个人是会变的……”

林彪大肆宣扬“人性”和“天才”的观点，使毛主席深感不安，他在私下里指出了“林彪观点的反马克思主义的性质”。

毛主席看出了林彪许多讲话的用意后说，他是要利用我去当现代造神运动中的神——“钟馗”。“我猜他们的本意，为了打鬼，借助钟馗。我就在二十世纪六十年代当了共产党的钟馗了。”“前途是光明的，道路是曲折的。”他的这些话都写在他给江青的信中了。

毛主席在写给江青的信中说：“天下大乱，达到天下大治。有些反党分子，他们是要想整个打倒我们的党和我本人……而现在的任务，是要在全党全国基本上（不可能全部）打倒右派，而且在七八年以后要有一次横扫牛鬼蛇神的运动，尔后还要有多次扫除。”

毛主席那时对林彪既有看法，又有些宠爱。在每天看到的文件、材料和报纸中，都有林彪吹捧毛主席的话，看了非常不自在。特别是林彪讲毛主席的话“句句是真理”，“一句顶一万句”，毛主席抱着疑惑的眼光自问道：“我的话真有那么管用吗？”

毛主席要发动一场“文革”的决心已经下了，说：“烧一烧官僚主义，但不要烧焦了，烧焦了就不好吃了。”

我个人认为毛主席要发动“文革”运动，其任务、方针、政策、指导思想、方法、规模和时间等，大概就是在滴水洞中形成的。

毛主席说：“这样的运动时间不能太长了，两三年足矣！”但是，那时毛主席可能没有想到，这场“文革”竟会被林彪、陈伯达、康生和江青等野心家、阴谋家所利用，在“文革”中篡夺党和国家领导权。他们煽动“四大”，到处放火，挑动群众搞派性，搞武斗，打派仗，搞打、砸、抢，大批大斗，挂牌子，游街，下跪，坐喷气式飞机，大整老干部。“四人帮”阳奉阴违，当面一套，背后一套，对毛主席不讲真话，不执行毛主席的指示，破坏毛主席对“文革”的部署，使“文革”一拖再拖，拖了10年之久，给党和国家造成了严重的灾难。

六、唯一的外出，离住所只有300米远

毛主席在滴水洞也想到了游泳。1959年，他去过韶山水库游泳，这次毛主席是不是还要去游泳呢？要到哪里去游呢？

一天，毛主席叫我去，说："耀祠，你去看看，青年湖能不能游泳？"

我说："好，我现在就去。"

我没有带任何人就去了青年湖。去了一看，说是湖，其实是一个大水库。在两山之间筑起一个大坝，这样储了很深的水，黑压压的，水深难以见到底，水面很清，是个游泳的好地方。

我在这堤岸上边走边看时，走来一个中年农民，拿了一把锄头。他见我观看水库，便叹气说："修这水库，把上面大片的土地淹了，这些土地都是很好的土地。如果毛主席知道，他是绝不会同意的。"

我回到滴水洞，对毛主席说："青年湖可以游泳，水深，水面很清，是个游泳的好地方。"

我说："我在那里碰见一个中年农民。"于是我把这个农民所讲的话学说了一遍，讲到毛主席"是绝不会同意的"时，毛主席"嘿嘿嘿"地笑了。

一向爱好游泳的毛主席，这次却没有去游。

毛主席没有离开过滴水洞，要说离开，也只不过有300米远。整

天都在房子里。

1966 年 6 月 22 日上午，毛主席从房里走出大门，看见大门口旁摆着一个轮椅，感到好奇，想坐一坐。毛主席刚坐上轮椅，曲琪玉、高文礼两人推着就向外走，我和钱嗣杰跟在后面。毛主席坐在轮椅上，有一种天真的童趣。

马路左侧紧靠大山，上不去。马路右侧是一条 20 米宽的深沟，沟里一条小溪流过，水很小。再往右，仍是大山，大雨滂沱时，山洪直泻而下，汇入这条小溪，轰轰作响，直往韶山奔去。

毛主席坐在轮椅上，左看看、右瞧瞧，都是青山、大沟和溪水。群山依旧，溪水如常，毛主席没有多少兴味了，说："哎，我们还是往回走吧！"

这样，我们推着毛主席从原路回来了，最多不过 300 米远。

七、“又要到白云黄鹤的地方了”

毛主席住在滴水洞，湖南省委有意把工作会议安排在离滴水洞较近的韶山宾馆召开。湖南省委书记王延春得知毛主席6月28日要走，便请毛主席跟他们开会的同志照个相。毛主席欣然同意了。

1966年6月26日下午，毛主席在滴水洞1号楼前，接见了湖南省委开会的全体同志，并一块合了影。工作人员向我提出：“我们大家都想和毛主席照个相。”我说：“你们等着，我向毛主席说说。”当我向毛主席提出省委接待处的同志请求同毛主席照个相时，毛主席说：“好嘛。”

6月28日上午，毛主席同省委接待处的工作人员照了相。照完相，毛主席对大家说：“你们走吧！”

说着他又进了一号楼，坐下来，点上烟。服务员见毛主席又折了回来，便急忙端上茶。毛主席呷了几口，把烟灭掉，然后依依不舍地离开了滴水洞。

汽车开到长沙大托铺铁路支线，我们上了专列。

毛主席自言自语地说：“又要到白云黄鹤的地方了。”他显得很沉闷的样子。

6月28日晚，毛主席到了武汉，住在东湖宾馆1号楼。

7月15日，毛主席说："你们去看看武汉大学，看他们现在干什么呢？"

我和另外三位同志一块到了武汉大学，看到好多学生在扎木排。我问他们，你们扎木排干什么用呀？

一个学生说："明天要横渡长江，这个木排用于插彩旗的。"

回到东湖宾馆，我把这个情况报告毛主席。当时，毛主席没有讲什么。

7月16日早晨6时许，毛主席说："上午8时去游长江！"我告诉湖北省公安厅徐耘云副厅长和警卫部门分头进行各种准备工作，很快一切就绪。

上午9时20分，在王任重同志的陪同下，毛主席穿着睡衣，乘坐卧车到了长江边。下得车来，毛主席举目四望，当天是一个好天气。他迈步登上了等候他的渡船，首先检阅了武汉大学5000多名游泳健儿，这些参加横渡长江的学生，都是经过挑选而来的。

学生游泳方队推着彩旗，迎风飘扬，向前游着，江水哗哗，伴着那时最时兴的革命歌曲。毛主席站在船头上，兴致勃勃地观看着他们，感到他们是祖国的希望，他的脸上充满了笑容。

突然，有人看见了毛主席，直喊："啊，是毛主席，是毛主席，果然是毛主席！"顿时，整个江上欢呼起来。长江的潮水激动了，长江的两岸激动了，高音喇叭里的革命歌曲更加热情荡漾。

同时，在汉口等待毛主席接见的三批外宾也感受到了来自长江的欢呼声。他们在外办廖承志、外交部韩念龙的陪同下，也乘船观看了学生横渡长江。当外宾看见毛主席时都热烈地鼓起掌来，毛主席转过头来也向外宾挥手致意。

看完学生渡江后，毛主席乘船向长江上游驶去。渡船到达武汉大堤时，毛主席说：“我最喜欢今天这样的游泳，走吧，我们都下去，都感受一下长江的浪涛。”说着，几名身边的工作人员一跃而入。毛主席也兴奋地下水了，他仰着身体跷起双脚，双手交叉放在胸前，像躺在床上休息一样，动也不动地随着波浪一起一伏地漂着走，非常自由自在。有的同志以为毛主席累了，哪知道他忽然一个侧身，冲破波浪，挥臂向前赶着，波浪叠起，毛主席把小伙子们撇在了后面。

游泳健儿们赶上了毛主席。毛主席对他们说：“游泳是很好的休息，轻松自在，没有其他任何杂念，一切都顺其自然。”“长江又宽又深，水流湍急，是游泳的好地方。”“横渡万里长江，不仅可以锻炼身体，而且更能锻炼一个人的意志……要到大江大海中去游，到大风大浪中接受锻炼。”

毛主席对王任重说：“长江，别人都说很大，其实，大并不可怕。美帝国主义不是很大吗？我们顶了它一下，也没有啥。所以世界上有些大的东西，其实并不可怕。”

7 月 17 日，毛主席接见了三批外宾。接见之后，当天离开了武汉。

7 月 18 日，毛主席安全地回到了北京。

毛主席在武汉给江青写了一封信，信的中心思想显然是他在滴水洞思考过了的。

说是给江青写的，但毛主席还是给湖北省委第一书记王任重同志看了。

毛主席为什么把党内的政治问题，采用家书的形式写给江青呢？我认为里面主要阐明左、中、右的现实和这种政治现象的未来归宿，而这时的林彪正在成为毛主席的“亲密战友”和“接班人”。同时，林彪大吹毛主席的话“句句是真理”，“一句顶一万句”。这两个问题毛主席都不便于公开讲。给江青写信是要让她对政治问题敏感一些，做到心中有数，也提醒江青注意自身的缺陷。

为了让读者比较详尽地了解这一段历史，现将毛主席给江青信中的有关片段摘录如下：

江青：

……自从6月15日离开武林（杭州）以后，在西方的一个山洞（滴水洞在杭州的西面，毛泽东由杭州而去）里住了十几天，消息不太灵通。28日来到白云黄鹤的地方（有诗写武汉“黄鹤一去不复返，白云千载空悠悠”），已有十天了。……天下大乱，达到天下大治。……我的朋友的讲话（林彪5月18日在中央政治局扩大会议上引用了古今中外大量的政变事实，要求全党高度警惕，并说毛主席的话“句句是真理”，“一句顶一万句”。毛主席看了很不舒服，历史就这么怪，强调警惕政变的人到头来自己搞起政变来了），中央催着要发，我准备同意发下去。他是专讲政变问题的。这个问题，像他这样讲法过去还没有过。他的一些提法，我总感觉不安。我历来不相信，我那几本小书（《毛泽东选集》），有那样大的神通。现在经他一吹，全党全国都吹起来了，真是王婆卖瓜，自卖自夸。我是被他们迫上梁山的，看来不同意他们不行了。在重大问题上，违心地同意别人，在我一生还是第一次。……我是自信而又有些不自信。我少年时曾经说过：“自信人生二百年，会当水击三千里。”可见神气十足了。但又不很自信，总觉得山中无老虎，猴子称大王，我就变成这样的大王了。但也不是折中主义，在我身上有些虎气，是为主，也有些猴气，是为次。我曾举了后汉人李固写给黄琼信中的几句话，峣峣者易折，皎皎者易污。阳春白雪，和者盖寡。盛名之下，其实难副。这后两句，正是指我。我曾在政治局常委会上读过这几句，人贵有自知之明。今年四月杭州会议，我表示了对于朋友们那样提法的不同意见。可是有什么用呢？他到北京五月会议上还是那样讲，报刊上更加讲得很凶，简直吹得神乎其神。这样，我就只好上梁山了。我猜他们的本意，为了打鬼，借助钟馗。我就在二十世纪六十年代当了共产党的钟馗了。事物总是要走向反面的，吹得越高，跌得越重，我是准备跌得粉碎的，……我劝你也要注意这个问题，不要被胜利冲昏了头脑，经常想一想自己的弱点、缺点和错误。这个问题我同你讲过不知多少次，你还记得吧，四月在上海还讲过。……中国如果发生反共的右派政变，我断定他们也是不得安宁的，很可能是短命的，因为代表百分之九十以上人民利益的一切革命者是不会容忍的。那时右派可能利用我的话得势于一时，左派则一定会利用我的另一些话组织起来，将右派打倒。这次文化大革命，就是一次认真演习。……这是一次全国性的演习，左派、右派和动摇不定的中间派，都会得到各自的教训。结论：前途是光明的，道路是曲折的，还是这两句老话。

久不通信，一写就长，下次再谈。

毛泽东

7月8日

毛主席的信写完后，叫秘书徐业夫抄了一份留存，原信寄给了江青。然而，江青不但没有帮上毛主席的忙，反而所作所为与毛主席背道而驰。她接到毛主席来信后，感到自己不得了啦，变得猖狂起来，成了一个“复仇女神”，后来给中国人民带来了深重的灾难。

毛主席的这封信，也不失为一部“预言书”。林彪出逃（只过了6个年头）后，中央把这封信作为批林整风会议文件下发。于是，毛主席的这封信便显得“高瞻远瞩”了，人们说，毛主席对林彪看得太透了。

第六章
粉碎“四人帮”的斗争

在毛主席垂暮岁月里，江青、王洪文、张春桥、姚文元拉帮结派，实际上江青是领头人，结成“四人帮”反党集团，乘“文化大革命”阴谋篡夺党和国家最高领导权。江青一方面迫不及待地伸手向毛主席要指挥权，一方面恨不得毛主席早点死，以便实现自己的美梦。

毛主席早就识破了江青有野心。在党的九大时，她就想当个中央副主席，以后想当党中央主席。毛主席多次对江青进行了揭露和批评教育。但是江青仍然我行我素，在毛主席逝世后，变本加厉，发展到大闹中央政治局会议的地步。当江青等人的行为危害到全党、全军和全国人民的根本利益的时候，中央决定一举粉碎“四人帮”反党集团。我亲历了这一段惊心动魄的斗争历史。

一、江青对待毛主席的健康，态度非常恶劣

1971年，毛主席工作繁忙，日夜考虑着党和国家大事，身患重病。我们为毛主席的健康非常焦急。而江青漠不关心，很少过问毛主席的健康。1972年1月，毛主席参加完陈毅元帅追悼会后，病情加重了。

1月25日，毛主席说："请张耀祠和医生去向江青谈一谈我的病情。"

1月25日下午3时，我和医生乘车到了钓鱼台10号楼，江青正坐在沙发上养神，护士叫醒了她。我们进到她的办公室，先由医生向她汇报毛主席的病情。医生说："毛主席现在患肺心病，开始由感冒引起支气管炎发作，每日阵咳，无法卧床睡觉，只能日夜坐在沙发上，困了靠在沙发上睡一会儿，打个盹儿，从入冬以来一直不好，现在正打针治疗。"

江青听了医生的汇报，摇摇头，表示怀疑，说："毛主席的体质是好的，不可能有什么大病！"

原来我们想给江青汇报，希望能引起她的重视，没有想到江青对此却持怀疑态度。

我接着说："江青同志，今天是毛主席要我和医生来向你汇报他的病情。毛主席现在年纪大了，身体抵抗能力弱了，有病应该休息和

及早治疗，可是这两条毛主席都很难做到。他日夜为党和国家大事操劳，有病不治疗，不愿打针、吃药，也不休息。他的病拖的时间久了，病也越重了。现在，他的双脚浮肿了，已经好几个月了。例如说一个人长跑，中间不休息，人的心脏能承受得了吗？ 79 岁高龄的老人，可想而知，毛主席是多么受罪啊！”

江青此时才慢腾腾地说：“有什么变化要及时报告我，我好有思想准备。”

我们在江青那里谈了 3 个小时，她无动于衷，非要再三坚持：“毛主席的体质是好的，不可能有什么大病嘛。”

1 月 28 日晚 12 时，我和医生进到毛主席卧室。他坐在沙发上，头靠沙发。医生摸毛主席的脉搏，没有摸到。医生紧张了，脸色惨白，转身往外走。我急切地问：“怎么样？”医生说：“没有摸到脉。”

当时我也紧张了。医生立即给汪东兴主任打电话，请他马上来游泳池，并商议请周总理来。

汪东兴同志到了，听了医生的报告，即给周总理打电话，请他来游泳池。周总理说：“我马上来。”

周总理到后，听了医生的报告，考虑毛主席已是 79 岁高龄了，工作繁忙，身患重病，应请江青来看看毛主席，家属可以多关心，配合医生，早日治好毛主席的病。正是为了这件大事，周总理亲自给江青打电话，说毛主席病重，请她来游泳池。

周总理、汪东兴同志等江青到了，医生把毛主席的病情做了汇报，然后一块儿到毛主席卧室看望。

毛主席这时醒来了，江青一见毛主席坐在沙发上，就拉大了嗓门讲道：“我说毛主席体质是好的，怎么可能病得厉害呢！”她气狠狠地说：“医生、护士谎报军情。”又说：“不要打针、吃药，打针、吃药反而不好……”

江青离开毛主席卧室，来到值班室，蛮不讲理，闹得更凶。她死死地咬住一条吼道：“毛主席的体质是好的，怎么可能像你们讲的那么厉害呢？”“是医生、护士谎报军情，该当何罪？”医生、护士是“特务”，是“反革命”。这时医生、护士受了一肚子怨气，也不敢发作。我站在一边没有吭声，周总理、汪东兴同志也没有说什么。

江青闹了一阵子，看周总理、汪东兴同志没有理睬她，只好悻悻地离开了游泳池。

本来，毛主席正在打针、吃药，进行治病。江青一闹，毛主席生气了，针不打了，药不吃了，治疗中断了，使医生、护士很为难。过了两天，护士长劝毛主席：“毛主席！还是治病要紧，不要再为江青那些话生气了……”

毛主席说：“那么多意见，怎么治呀？”这才同意打针吃药。

1月31日晚8时，江青来到游泳池看毛主席。她在毛主席那里坐了12分钟，毛主席心里有气，没有跟她说话，眼睛直愣愣地盯着她，仿佛对江青有很多愤懑。江青从毛主席房里出来对我说：“毛主席的脸色比我好，很神气，只吐了一口痰，眼睛瞪得大大的，与你们说的情况完全不一样。”

我长嘘了一口气，对江青说：“毛主席今天还没有睡觉，已吃过两次安眠药了。”

江青有气地说：“不对。”她觉得说话不妥，停了一会儿，又说：“我也希望毛主席好，你们要沉住气，不要慌张，我并不是否定毛主席的病情，要看到好的嘛！”

2月2日晚12时，我们为毛主席治病问题在中南海怀仁堂开会。会议开始了，江青不说如何为毛主席治病，专谈她自己，说自己浑身都是病，一个劲儿地抱怨别人对她的健康关心不够……她整整为自己的身体谈了3小时，连周总理都没有插话的机会。我坐在那里感到纳闷，说的是研究为毛主席治病的问题，怎么谈了3个小时净谈自己的身体问题，一句话也没有提到毛主席的治病问题。

我当时很不高兴，沉着个脸，让我们陪着她没完没了地谈自己，居心何在？

江青终于看到了我的脸色。她一本正经地冲着我讲道："你不要愁眉苦脸，你们的责任重大。不是我不同意毛主席打针、吃药，是毛主席不同意打针、吃药。你们要做好准备。"这样没有任何结果，散了会，白白浪费了3小时。

2月3日晚8时，中央政治局在怀仁堂开会。江青告诉汪东兴同志说："要张耀祠晚上来怀仁堂参加会议。"汪东兴同志对我说："你去怀仁堂参加会议，我留下来值班。"

周总理主持会议。

江青在会上摇头晃脑地说："毛主席的体质是好的，怎么可能病得这么厉害呢？是医生、护士'谎报军情'，医生、护士是'特务'，是'反革命'！毛主席身边有一个'集团'，要拔钉子。有些人杀人不见血，有各种各样的手段……要立专案审查×××、×××……"以上这番话，江青恶狠狠地先后讲了两次。江青以毛主席病重为由，大做文章，反复讲她的观点，居心何在，想达到什么目的？我看江青不仅是反毛主席身边的工作人员，这也是她反毛主席的一种手段。

在会上，周总理和其他政治局同志对江青的话，只是听听而已，没有人附和及支持她的意见，江青显得非常孤立。

江青每次来看毛主席时，都要向我们询问毛主席当天的病情如何，这使工作人员很为难。说了真情，江青骂骂咧咧；一句不说，她就大发其火，说你有敌对情绪，给你扣上大帽子。

毛主席知道江青乱问病情后，在2月6日下午，特别交代道：“江青今后要来，如果她再要问病情，你们都不要说，说也说不清楚。”

2月6日晚8时，江青来看毛主席，见面就问我：“毛主席今天的病情怎样？”

我说，毛主席今天有指示：“江青同志要问病情，不要说，说也说不清楚。”

江青“吭”了一声，到毛主席卧室去了。江青出来时，气鼓鼓地对着我说：“你今天有敌对情绪！”

我说：“我没有敌对情绪，我是执行毛主席的指示。”

江青很生气地说：“引起病人不安不好，不要无事生非，有人告我的状。当然要听毛主席的话，你们不要紧张，不会否定你们的成绩。你们在毛主席身边工作，不要放松警惕。”

江青受了毛主席的批评，很不高兴，之后有20多天都不来了。

二、毛主席突然休克

毛主席由于过度疲劳，加之身患肺心病伴严重缺氧，病情越发严重起来。

1972 年 2 月上旬的一天，毛主席突然休克，把我们都吓坏了。毛主席是第一次休克，医生、护士手忙脚乱。当时，吴旭君护士长值班，她的工作认真、精细，极端负责任。她看见毛主席侧身躺在床上，像是“睡着”了，显得很安然。她过去摸了摸毛主席的脉搏，没有摸到，便立即叫医生快来。

胡旭东是心肺病专家，急忙赶到了，马上进行紧急抢救。胡医生口述注射药物，他说一句，吴旭君护士长重复一句，生怕弄错或忘记了。她牢牢地记在心中，备完药品，立即往针管里抽药，然后向毛主席体内注射。药物注射完后，毛主席一无所知，完全处于休克状态，安然地躺着。

胡旭东扶起毛主席，有节奏地用右手拍打背部，不停地呼叫：“毛主席！毛主席！……”

张玉凤同志也帮助拍打毛主席的背部，叫喊：“毛主席！毛主席！……”

这时周总理赶到了，对医生说：“你们要用全力抢救。这个国家的担子重，不能没有毛主席！”

经过紧张抢救，毛主席慢慢地睁开了双眼。见到眼前围在他身边的人，才知道自己刚才休克了。醒过来的毛主席显得神态安详，幽默地说：“我好像睡了一觉。”

毛主席这么一说，经历了一阵紧张时刻的工作人员，这时才轻松地笑了。

周总理也笑了。

张玉凤同志请周总理、汪主任到毛主席跟前。毛主席喘着气说：“谢谢你们。”并请他们到沙发上坐坐。

周总理这时问：“毛主席！刚才的情况是否告诉江青？”

毛主席用目光扫视一下身边的工作人员，又看看周总理，说：“不要告诉她。告诉她只能添麻烦。”

胡旭东医生对毛主席休克所采取的急救措施是正确的、得当的、有力的。他对党、对人民是有功的。

毛主席的健康状况，对外是绝对保密的，从中央到各级党、政、军主要领导干部，都不知道毛主席的健康状况。要说知道，也只是毛主席接见外宾时，在电影、电视新闻上看到的一般情况。

毛主席身体康复后，同医务工作人员和身边少数工作人员一起合了影。

汪东兴主任把2月2日、3日晚，江青在中央政治局会议上两次讲话的内容向毛主席做了报告。毛主席听后，对江青的所作所为，憋了一肚子气。

一天，周总理、江青、汪东兴一块来看望毛主席。毛主席是了解身边工作人员的，毛主席当着周总理、汪主任的面，用他那硕大的手，指着江青说：“你说这些人（在毛主席身边工作的人）是‘特务’，是‘反革命’集团吗？你知道这个集团的头子是谁吗？那就是我。他们跟了我这么多年了，要害我早就可以害。我知道自己的病，我也知道他们都是一些非常好的同志。”一席话说得江青垂下了头，她暗中更恨死了毛主席身边的工作人员。

周总理为了鼓励医生、护士和毛主席身边的工作人员，自己出钱摆了两桌饭，犒劳大家。饭吃得很香，心情特别愉快。但也有遗憾之处，周总理忙于国事，未能同我们一起享用。

中共中央决定，毛主席病重期间由周恩来、王洪文、张春桥、汪东兴负责医疗工作的领导。

三、江青为自己的后路做准备

1973 年 10 月的一天，江青打电话要求见毛主席。张玉凤同志接了电话，报告了毛主席。毛主席说："她要来就让她来吧。"

江青来了，谈了一会儿就走了。毛主席对张玉凤说："江青看我身体不行了，为自己准备后路，要分我的遗产稿费了。"

两天后，毛主席叫张玉凤同志到中央办公厅特会室取了 3 万元。张玉凤吃了一惊，是 3 万元哪，在那个年代，3 万元可是一个天文数字。张玉凤把钱送到钓鱼台 10 号楼江青手上。江青看到只有 3 万元，嫌少了，对张玉凤说："小张，3 万元对你们来说不算少了，对我来说是不够开销的。"江青有意要张玉凤替她保管这 3 万元。

1975 年 7 月，江青给张玉凤同志写了一张条子，说：玉凤同志，那笔钱能否取 8000 元？如果从 1968 年算起，我应归还新华社 8000 元；从 1969 年算起，我应归还 7000 元。不过，还了心安理得。这七八千元主要用于照相、购置灯光装置、灯光用具，我送还了新华社，没有算钱，是党和国家的财产，不应算钱，不能慷国家之慨。请在毛主席暇时，报毛主席，再请毛主席给 8000 元。

毛主席从来非常节俭，没有吃完的饭，总交代大师傅下一餐给他热了吃。他进驻北京只做过一双棕色皮鞋，穿得很旧了，也不愿再做一双新皮鞋。毛主席处处事事想着老百姓、工人、农民、劳动人民，很少顾及自己的生活。在他身边工作的人员，都是农村的农民子弟，参加了人民解放军，来到毛主席这里工作。家中有困难或遭了自然灾害，只要毛主席知道了，都救济他们。得到毛主席救济的同志，谁也没有向毛主席伸手要过钱。而江青不愁吃、不愁穿，过着优越的生活，却厚着脸皮要了3万元，嫌少，还要8000元。

毛主席后来给我们讲了一个故事，说："鲁班到终南山学艺，出师时，老师给了他一把斧子，并说，有人用斧子为自己挣下了一座金山，有人用斧子在人们心中刻下了一个名字，你是选择哪一种呢？鲁班毫不犹豫地回答，选择后者。我们共产党人的手中都有一把斧子，那就是为人民服务。"江青想拿这把斧子去挣一座金山，她也在人们的心中刻下了一个名字，但这个名字是万世臭名！人啊，要有志向，这种志，是中华民族之志，是共产党人之志。毛主席非常坚定地说："共产党人的志不能仅仅写在党章上，而要写在每个党员的心中，要落实到行动上，全心全意为人民服务。"

四、三箭齐发，只瞄一箭

1974 年 1 月，“四人帮”背着毛主席，不经过中央政治局讨论，批林批孔，搞突然袭击，破坏毛主席的部署。江青以个人名义，写信给中央军委副主席叶剑英，打电话给周总理，决定 1 月 24 日、25 日，在首都体育馆召开军队驻京单位、中央机关各部委和国务院各部委等单位的万人批林批孔动员大会。这两次大会都由“四人帮”策划，江青出面主持。江青事先找谢静宜、迟群研究好了，由他们两人先在大会上讲话。“四人帮”在批林批孔动员大会上，不批林，假批孔，实质是批“走后门”，三箭齐发，只瞄一箭，把矛头指向周总理和叶剑英元帅，指向中央和地方一批党、政、军的领导干部。江青批评周总理：“行动迟缓，跟不上形势。”批评叶剑英元帅和一批老干部送子女当兵“走后门”，要限期从部队退回来等。

谢静宜讲话：“今天我是根据江青同志指示，讲一讲批林批孔的问题。孔子是一个儒家，不是法家，长期以来是保守势力的代表，不批臭他，中华民族就不能前进……”她把目光投向周总理，说：“代表反动的孔老二的思想过去有，现在有，将来也还会有。我们要坚决批臭这种妨碍‘文革’的反动思想。不管代表孔老二思想的人地位有多高，威望有多大，都要把他拉下马。”谢静宜又说：“‘走后门’

这与我们社会主义制度是格格不相容的，这也是坚不坚持要搞马列主义，不要搞修正主义这一基本原则的一个重大问题，‘走后门’实际上就是对马克思主义的背叛。”

迟群讲话的语调，大致相同，说：“那个‘走后门’的问题，批林批孔不是要联系实际吗？那完全是对马克思列宁主义的背叛……”

江青这时没有好气地对着周总理说：“总理！你说说吧。”

周总理接过话筒，说：“我是来参加批林批孔动员大会的，但我事先不知道还有一个重要内容，就是‘走后门’的问题。我对‘文化大革命’的形势不够敏感，有点落后于形势！”周总理讲的这两句话，是指出“四人帮”有计划、有组织、有目的召开的所谓批林批孔万人大会，是“四人帮”搞的突然袭击。

会后，江青把这两次会的录音和材料带回钓鱼台，用了 3 天时间精心修改和复制，准备发到各省、市、自治区，企图在全国再一次掀起批林批孔和批“走后门”的运动，把全国搞乱，以便浑水摸鱼，达到他们篡党夺权的目的。

江青为此得意忘形地说：“哈哈，如今周总理都叫我们搞得没有办法了。”

毛主席知道江青召开了两次批林批孔又批“走后门”万人动员大会，并要向全国发大会录音的情况后，指示：“录音不要发，发了的马上收回。”这样，给了“四人帮”当头一棒。

1 月 28 日，我们在中南海游泳池值班室，把江青在 1 月 24 日、25 日万人大会的讲话录音，拿到游泳池放了一次，其中江青讲话时念了一首诗，她说是毛主席写的，有的书报刊物上写历史时，都引用了这首诗。该诗不长，只有四句，其曰：“郭老从柳退，不及柳宗元。名曰共产党，崇拜孔二先。”我们几个人把这一段录音连放了两次，认真记录下来，先后有两位同志，拿去给毛主席看：“毛主席！江青说这首诗是你写的，你看是不是呢？”

毛主席两次摇头说：“我没有写过这样的诗，不知从何而来。郭老是旧时代过来的人，也不至于如此。”后来，根据工作人员和机要秘书回忆，都说没有看见毛主席写过这样的诗。大家认为，可能是江青自己杜撰的，用这种形式来欺骗群众，整倒郭老。

面对毛主席的批评，江青不但没有反省检查自己的错误，反而紧逼叶剑英元帅，限定时间把当兵的子女从部队里退回来。

叶剑英同志在这种情况下，给毛主席写了一封信。

1974 年 2 月，毛主席看后在信上批了一段话：“此事甚大，从部队到北京牵涉几百万人。现在形而上学猖獗，片面性，批林批孔又夹着批走后门，有可能冲淡批林批孔……批林批孔还是要靠这些老干部……”严厉批评了“四人帮”。毛主席把这封信批给周总理，请他负责印发在京的中央委员和候补委员。

江青看到毛主席批示，气急败坏地质问总理：“为什么要印发？为什么不给我看呢？”

周总理说：“毛主席叫我印发的。”

周总理把毛主席的批件送给江青。江青看后，眼睛一瞪，哑口无言了。

对于江青、王洪文召开的这两次万人大会，毛主席多次批评。王洪文迫于形势，不得不做了几句检讨。1975 年 5 月，王洪文在他的检讨提纲中写道：“当毛主席批示了北大、清华那份批林批孔的材料后，特别是 1974 年 1 月 24 日和 1 月 25 日两次大会，虽然我对两次大会的召开未经中央政治局讨论，也没有报告毛主席，关于走后门有些提法不妥，如混淆两类矛盾的提法，扩大了打击面等，也同个别同志交换过意见，但我没有及时向毛主席报告。这是我原则性不强的表现。”

“四人帮”就是这样，明知不对，就是不向党中央和毛主席报告，一错再错，阳奉阴违，耍两面派。

五、毛主席最反对拉帮结派

1973 年 3 月，在中央政治局会议上，毛主席特别强调指出：现在要“安定团结”，“要稳定”。

周总理感到这是解放老干部出来工作的机会。一天，周总理来看望毛主席，向毛主席说了有无数老干部挨整，他们一直没有工作等情况。毛主席说：“你说打倒那么多老干部，我也是无意地把他们打倒嘛，我并不知道有那么多老同志受罪嘛！我的目的是想烧一烧官僚主义，但不要烧煳了，烧煳了就不好吃了。”

周总理说：“看来有一个落实干部政策的问题。”

毛主席说：“这个问题由你去落实吧！”

打倒那么多老干部，是林彪、“四人帮”搞的。他们背着毛主席四处抓人、关押人、乱整人，所以毛主席不知道这些真实情况。全国被整的老干部加起来数量很大，所以周总理说“无数”。

1974 年 3 月的一天，江青要求见毛主席，毛主席不愿意见她，给她写了一封信。

江青：

不见还好些。过去多年同你谈的，你有好些不执行，多见何益？有马列书在，有我的书在，你就是不研究。我重病在身，八十一了，也不体谅。你有特权，我死了，看你怎么办？你也是一个大事不讨论、小事天天送的人。请你考虑。

毛泽东

3月20日

1974年3月，中央政治局开会，讨论派谁去联合国参加特别会议。根据毛主席提议，中央政治局决定让邓小平同志去。江青坚决反对，竭力阻挠邓小平出国。

毛主席得知情况后，十分生气，便给江青写了一封亲笔信。

江青：

邓小平同志出国是我的意见，你不要反我为好。小心谨慎，不要反对我的提议。

毛泽东

3月27日

7月17日3时，毛主席主持中央政治局会议，与会同志陆续到会了。这时江青来了，尽管她对人摆出首长派头，但仍然掩饰不住心中那种受训的刺痛，显得很不自然和拘谨，以往的那种高傲神气的派头不见了。就在这次会上，毛主席点名批评江青说："江青同志，你要注意呢。别人对你有意见，又不好当面对你讲，你也不知道。""不要设两个工厂，一个叫钢铁工厂，一个叫帽子工厂，动不动就给人戴帽子，不好呢！

你的那个工厂不要了吧！”也就在这个会上，毛主席当着大家的面，指着江青说：“江青算‘上海帮’呢，你们要注意呢，不要搞四人小宗派呢！”张春桥、姚文元、王洪文都来自上海，这就是毛主席讲的“上海帮”的由来。

毛主席郑重宣布：“江青并不代表我，她代表她自己，总而言之，她代表她自己。”中央政治局会议后，毛主席离开北京，7 月 19 日到达武汉，住在东湖宾馆。9 月 29 日，离武汉去长沙。

1975 年 5 月 3 日，毛主席在北京主持中央政治局会议。毛主席说：“江青，党的一大半斗争没有参加，陈独秀、瞿秋白、李立三、罗章龙、王明、张国焘的斗争她都没有参加，也没有参加长征。我看江青是一个小小的经验主义者。”又严肃指出：“不要搞‘四人帮’，你们不要搞了，为什么要照样搞下去呢？为什么不和 200 多中央委员搞团结？搞少数人不好，历来不好。”“不要随便，要有纪律，要谨慎，不要个人自作主张，要跟政治局讨论，有意见要在政治局会议上讨论，印成文件发下去，要以中央的名义。我是从来不送什么材料的。”

江青于 4 月 27 日在政治局会议上做了点自我批评。毛主席 5 月 3 日指出“四人帮”严重危害性后，江青不得不在 6 月 28 日写了一封遮人耳目的欺骗信。

主席，在京的政治局各位同志：

我在 4 月 27 日政治局会议上的自我批评是不够的。经几次政治局会议上同志们的批评、帮助，思想触动很大，但是思想上一时转不过弯来。经过思想斗争，我认为会议基本上是开得好的。政治局比过去团结多了。当我认识到“四人帮”是个客观存在，我才认识到有发展成为分裂党中央的宗派主义的可能，我才认识到为什么主席从去年讲到今年，达三四次之多？原来是一个重大原则问题，主席在原则问题上是从来不让步的。

江青

6月28日

江青身边的护士是后来从8341部队305医院选调去的。江青不能平等待人，经常骂人、训人，使得护士难以工作下去。如小许同志说："我在江青那里工作几年，累点没有关系，我从来没有受过这样的折磨，我实在干不下去了，请首长把我调走吧！"她对我讲过两次。考虑到不影响毛主席的工作，我只好劝小许同志："不要计较江青那些不负责任的话，要多忍耐，顾全大局，坚持工作……"

后来调小赵同志到江青那里工作。江青当上政治局委员了，官架子更大了，她看谁都不顺眼，常常无故发脾气，乱加罪名："你走路把贼风带来了"，你是"特务"，是"反革命"，"你要害我"，"你逼得我好惨"，等等。

我们的护士同志都有较高的政治觉悟，能委曲求全，为革命做工作，能克服任何人为的困难。江青不关心、不培养、不耐心教育护士，最后都是不欢而散。

有一次，我对汪东兴主任说："江青对工作人员不以革命同志的态度正确处理好关系，她要再从305医院调护士，不给她调了。"我这些话也是反映了我对江青的不满情绪。最不可饶恕的是江青把一个忠实可靠的秘书，扣上莫须有的罪名，关进监狱达七八年之久。

毛主席知道江青对待身边工作人员的恶劣行为，恼怒极了。有一次，毛主席指着江青的鼻子，严厉斥责道："你就是资产阶级极端个人主义，你是改不了的剥削阶级的作风……”毛主席生完了气，江青走了。

毛主席说：“江青这个人跟谁也搞不到一起。”又长叹着气说：“江青使我背上了一个政治包袱。”此后，毛主席不愿意多见江青了。

六、江青伸手要官要权

“四人帮”得知毛主席提议邓小平出任国务院第一副总理，无疑打破了“四人帮”长期迫害周总理、企图抢班夺权的计划。阻挠邓小平出任第一副总理，便成了“四人帮”积极活动的一个中心任务。江青再也按捺不住内心的怒火，频频地向长沙方向发起了“攻势”。

1974 年 10 月 17 日，“四人帮”背着中央政治局在钓鱼台 17 号楼，为筹划四届全国人大人事安排，秘密开会。江青说：“我们也要加紧步伐了，看来如果不及早行动，‘文化大革命’运动就会白干了。快想个万全之策的办法，权力不能轻易放过，绝不能轻易放过！绝不能交给周恩来、邓小平。”他们决定由王洪文去长沙，向毛主席告周恩来、邓小平的状。为了达到恶人先告状的目的，江青又特别指出：“要赶在邓小平陪同外宾到长沙之前，明天，18 日，就去长沙见毛主席。”

10 月 18 日上午，王洪文背着有病在身的周总理和在京的政治局委员，也不通知警卫部门，自己向空军要了一架专机，秘密离开北京飞往长沙。湖南省委第一书记张平化得知王洪文要来，亲自到机场迎接。汪东兴同志要我去机场接王洪文，我下午 1 点 15 分接到工洪文，直接将王洪文送到了毛主席会客室。

王洪文见到毛主席，开始询问了一下毛主席最近的身体情况。然后，他对毛主席说："我这次来湖南，是趁总理休息时候走的，没有告诉总理和政治局其他同志，是我们 4 个人，春桥、江青、文元和我开了一夜会，商定让我来向毛主席汇报的。我是冒着危险来的。"

毛主席没有吭声，静静地听着他说下去。

王洪文说："毛主席！北京现在大有庐山会议的味道哇！"王洪文小心翼翼地说。

"是吗？有庐山会议的味道哇！"毛主席头靠在沙发上警觉地听着。他的视力不好，虽然瞧不出王洪文的表情，但思维仍然很敏锐，对王洪文来长沙的目的仍能准确地判断出来。

王洪文偷偷看了一下毛主席的脸色，见毛主席没有怀疑他，便接着说："在政治局会上，为了'风庆轮'这件事，江青同邓小平发生了争吵，吵得很厉害。"并把江青同邓小平当时讲的话重述了一遍……

"周总理在医院养病吗？"毛主席问道。

"是的。不过，总理虽然病重，住在医院，但昼夜还忙着找人谈话，有时候谈到深夜。几乎每天都有人去，嗯……"王洪文做贼心虚，面露难色。王洪文颤抖着声音说："经常去总理那里的有邓小平、叶剑英、李先念同志。他们这些人在这个时候来往这样频繁，与四届全国人大人事安排有关。"

"商量工作！"毛主席说，"总理还是总理。"毛主席素来认为周总理是完全可信赖的，他并未为王洪文的言辞动摇。

王洪文见自己的话没有奏效，想起临行前江青吩咐的话。他只好斗胆在毛主席面前把张春桥、姚文元、江青分别做了一番吹捧了事。毛主席对他未予理睬。

王洪文说："毛主席，我今天还要赶回北京，他们几个人还等着我传达你的指示哩。"

毛主席脸上露出严肃的表情，说：“那好，你回去要多找总理和剑英谈谈，不要跟江青搞在一起，你要注意她！”此言，又一次劝王洪文不要搞四人小宗派。

江青急于组阁，又派人，又托人，又是写信。毛主席断然拒绝：“不要由你组阁。”

1969 年 4 月，在召开党的九大前夕，有人给中央来信，要求选江青为中央政治局常委兼任中央组织部部长。毛主席在这封信上批示：“徒有虚名，都不适当。”

1974 年 10 月 18 日，江青找外交部副部长王海容、副司长唐闻生谈话：“丹麦首相哈特林来了，很快去长沙，毛主席要会见他。有一个重要情况，请你们在陪同外宾去长沙的时候，向毛主席报告。”

“什么重要情况？”王海容、唐闻生看到江青那种神秘兮兮的样子，惊奇地睁大双眼。“昨天晚上，政治局讨论‘风庆轮’问题，”江青说，“小平和我发生争吵，然后扬长而去，使得政治局会议开不下去了。”江青停了停，又说：“国务院的领导同志经常借谈工作搞串联，总理在医院，小平、剑英、先念没日没夜往总理那里跑，干什么？是搞阴谋活动。总理是后台，很像 1970 年林彪搞的那一套，是篡党夺权活动。现在北京大有庐山会议的味道。不能不提高警惕啊！”

晚上，江青又把张春桥、姚文元找到 17 号楼。张春桥说：“邓小平在‘风庆轮’问题上跳出来不是偶然的，‘文革’以前他就主张造船不如买船，买船不如租船。”对问题性质的看法，张春桥把 10 月 17 日晚政治局会议与 1967 年的“二月逆流”相类比。

江青一再要求王海容、唐闻生把这些情况报告给毛主席。

王海容、唐闻生同志感到事关重大，便婉言拒绝了江青的要求。但江青仍对她们寄予“希望”。

10月20日，王海容、唐闻生陪同丹麦首相哈特林到长沙见毛主席。外宾走后，王海容、唐闻生留下向毛主席说：“江青18日晚把我们两个人叫去了。”

毛主席问：“因为什么把你们叫去？”

“江青让我们向您反映情况。”王海容、唐闻生说。

“什么情况？”

“17日晚政治局会议上，江青同邓小平吵了起来，她要我把会议争吵的情况向您汇报一下。”王海容一五一十地把江青让她转达的几件事说完了。王海容说：江青建议，“让王洪文任副委员长，排在朱德、董必武同志之后”。

毛主席听了汇报后，非常生气地说：“风庆轮的问题本来是一件小事情，而且已经解决，江青还这样闹。”对邓小平针锋相对地抵制江青的攻击，表示赞赏，说：“我还准备建议邓小平同志担任第一副总理、军委副主席兼总参谋长！”说到这里，他沉思了一会儿，意味深长地说：“你们回去告诉王洪文、张春桥、姚文元，不要跟在江青后面批东西。”

毛主席望着两位年轻人，说：“江青有野心，她想叫王洪文做委员长，她自己做党的主席！……”

毛主席还说：“总理还是总理。四届全国人大的筹备工作和人事安排，由总理主持。”周总理与毛主席一起共事几十年，是一位忠实于党、忠实于共产主义事业的战士，是完全可靠的老战友。毛主席信赖周总理！

王海容、唐闻生从长沙回到北京，然后把毛主席的话向江青做了扼要的转达。江青强压心头的恼怒，为了挽回面子，说：“感谢你们代我向毛主席做汇报。毛主席批评我，这是家常便饭，夫妻关系嘛。骂上几句厉害的话，也是小事一桩。”

过了几天，江青又把王海容、唐闻生同志叫到钓鱼台10号楼谈话："我最近心情很坏。"江青憋不住把内心的秘密抖了出来，"政治局几乎都跟我作对，他们不但不支持我，还时时、事事、处处和我唱对台戏。他们想欺负我，瞎了眼！"她扳着指头一个一个数着："邓小平、叶剑英、李先念都是我们长期较量的老对手。他们联合起来，一块儿来对付我。我过去整过他们，他们记下了仇，耿耿于怀。想报仇雪恨，他们打错了算盘！"江青用力一挥拳，大声吼叫："他们连做梦都在想翻'文革'的案，那是痴心妄想！我明白，我是一只出头鸟，枪打出头鸟，这是古今中外政治舞台上不可抗拒的必然规律。我犯下了众怒，有人在背后不知怎么骂我呢！恨不得把我送上断头台。"

江青拉着王海容同志的手，说："我得请你们助我一臂之力，你们要把我这些意见向毛主席反映一下。我知道，他不愿意见我，我们见面也是话不投机半句多。这些都是公开的秘密。"她声泪俱下："说不定什么时候，我也会当替死鬼的。没有办法，我是小卒过河，哪怕前面就是奈何桥、鬼门关、十八层地狱、阎王殿，也只能是一个劲儿地向前闯啦，事已如此，只能这样干下去了！希望两位去长沙时，把我的意见向毛主席原原本本地汇报一下。"

11月6日，王海容、唐闻生同志陪外宾来到长沙。毛主席接见了威廉斯后，她们留下向毛主席汇报。她们告诉毛主席：江青让我们向您转达她的意见，接着就把江青那天发泄的牢骚全说出来了。

毛主席听完后，说："她看得起的人没有几个，只有一个，她自己……"

江青几次碰了钉子，心里非常埋怨毛主席把党和国家的大权交给周恩来、邓小平，妨碍了她的"计划"。她只好改变闹的策略，一方面唆使毛远新（毛主席的联络员）不听毛主席的指示，另一方面写信向毛主席要官要权。江青对政治局委员这个“闲职”并不满足，一直想插手国务院，但始终未能如愿。现在四届全国人大即将召开，仍想插手人事安排。她给毛主席写信时提出：让谢静宜当人大副委员长，迟群当教育部长，乔冠华当副总理。让毛远新、迟群、谢静宜、金祖敏列席政治局会议，作为“接班人”来培养。江青没有想到毛主席如此答复她：“不要由你组阁”，“人贵有自知之明”。这对她不啻是一次严厉的警告和严重的打击。

在江青企图由“四人帮”组阁，派王洪文去长沙“告状”回京后，毛主席于11月12日亲笔批示告诫江青：“不要多露面，不要批文件，不要由你‘组阁’（当后台老板），你积怨甚多，要团结多数。至嘱。”“人贵有自知之明，又及。”

江青不听毛主席的告诫，11月19日给毛主席写了一封“检讨”信，说：“我愧对毛主席的期望，因为我缺乏自知之明，自我欣赏，头脑昏昏，对客观现实不能唯物的正确对待，对自己也就不能恰当的一分为二的分析。一些咄咄怪事，触目惊心，使我悚然惊悟。自九大以来，我基本上是闲人，没有分配我什么工作，目前更甚。”

毛主席看了江青的信，说：“这不是‘检讨’，分明是伸手要权，她的权还小吗？”毛主席一直没有给她党、政一级的行政职务和发号施令的实权。

江青不善罢甘休，再次找王洪文说：“10月你去长沙虽然碰了钉子，这算什么！1966年你在上海造反时，不是连性命都豁出去了吗？地位权力是争来的，不是谁人恩赐的，你再进行一次拼搏。干我们这一行的，就是不能怕这个三长两短，关键时刻连死都不怕，你还怕什么？快到嘴的东西你不去争，不去抢，难道还要别人喂到你的嘴里来吗？我为你当副委员长，费尽了多少脑子，采取了多少措施，你知道吗？只有你再去长沙，你不去谁去呢？”

王洪文说：“江青同志，我知道你对我的一片好心，我辜负了你的一片期望。船到码头车到站，官当大了，怕失去位置。现在我们并不是马放南山、刀枪入库的时候，还要斗争，要拼搏，不然我们所得的一切，也可能被人家抢去。哪怕是百丈深渊，我也要跳，一不做二不休，豁出去了。我去长沙向毛主席面谈，再力争一次。”

江青高兴地说：“这才是好样的，就是要有这种精神。怕什么，顶多挨几句批评。只要有一线希望，我们就要抓住，就不能放弃，这叫‘寸权不让’‘寸权必争’‘必须要争’。”

从江青与王洪文的谈话中，证明“四人帮”是混进党内的投机分子，是资产阶级野心家、阴谋家，为了个人的私利，千方百计向党争夺国家最高领导权。但是，“四人帮”只能是痴心妄想，绝不可能成功。

12 月 23 日，周总理约王洪文一起去长沙向毛主席汇报，同乘一架飞机，为国家节约点油钱。而王洪文心怀鬼胎，不讲团结，不愿与周总理同行，自己单独乘一架专机去了长沙。

12 月的一天，王洪文第二次见毛主席。他提心吊胆地向毛主席说出自己的意见和江青的建议，毛主席听后一针见血地指出：“江青有野心，有没有，我看是有。”王洪文屏息静听，大气也不敢出。

毛主席一再告诫王洪文说：“你们不要搞‘四人帮’。你们不要搞宗派，搞宗派要摔跤的。”

王洪文静静地听着，内心忐忑不安。

毛主席一再告诫王洪文，说：“要搞马列主义，不要搞修正主义；要团结，不要分裂；要光明正大，不要搞阴谋诡计。不要搞‘四人帮’，你们不要搞了，为什么照样搞呀？搞少数人不好，历来不好。你们都要作自我批评。”

王洪文静心地听着，脸上火辣辣的，不敢多讲，只说：“听从毛主席的教导。”然后，告别毛主席，走了。

12月24日下午2时30分，周总理、王洪文到毛主席住所6号楼汇报。

毛主席说：“小平同志人才难得，政治思想强，他能把这副担子挑起来。”

周总理点头。王洪文在一边听着记着。

毛主席又说：“邓小平是个难得的人才，他政治思想强。”毛主席指着坐在一边的王洪文，说：“他没有邓小平强。”

毛主席用纸写了一个“强”字。王洪文十分尴尬，满脸憋得通红。

周总理说，毛主席说过，“一个好汉三个帮，一个篱笆三个桩。红花虽好，也要绿叶扶持。没有人支持，他的工作就很难做好呀！”周总理的话意味深长。

毛主席会意地点点头，说：“是的。有些人不但不支持他，而且还处处拆他的台。”又指了指王洪文，说：“他来长沙两次了，我都对他进行了批评。他和江青搞宗派。江青是有野心的，这我很清楚。我批评她多次了，她就是听不进去。这个人难改哩！”

毛主席说：“邓小平人才难得，思想政治强。”

周总理说：“毛主席的看法完全正确。”

周恩来是一位好总理，他与毛主席的关系历来是亲密无间的，遵义会议时是以他为主拥护毛主席的领导，确立了毛主席在红军和党内的领导地位。在几十年的革命生涯中，他们都艰苦奋斗，精诚合作，成为难得知己。周总理把毛主席看成战略家、思想家、理论家，是党内无可争辩的领袖。周总理对毛主席的健康和安全经常亲自过问，对安全问题经常亲自布置。毛主席对周总理很放心，外出时，经常将党、政、军的许多大小事都放心让周总理处理。

毛主席对王洪文同江青搞在一起，讲了多次，他听不进去。今天，又批评他：“我告诉你多次，不让你和江青搅在一起，你不听。你们几个人拉帮结伙搞在一起，这是错误的，你要做深刻的检讨，不允许再这样下去了。你在这里待两天，好好检查你的错误。”

王洪文说：“毛主席！我是有错误，我一定作深刻的检查。”他唯唯诺诺说罢，向毛主席告辞，回到住所。他写了一个通宵，也没有写出一个像样的检查。就是这样的检查，王洪文也没有送交毛主席。到 1976 年 10 月 6 日，粉碎“四人帮”，把王洪文逮捕后，才在他办公桌的抽屉里把这份检查抄出来了。其中写道：“两天来，我认真回忆了自己所犯的错误，毛主席发现后曾多次指出，‘你们不要几个人搞在一起，你们不要搞上海帮。’我没有坚决地按毛主席的指示办。当工作中遇有问题时，不是和政治局多数同志商量，而只是找少数几个人。虽经毛主席多次指示，我们仍然不觉悟，脱离不开小圈子。毛主席在离京前的政治局会议上曾指示，‘你们不要搞上海帮。’以后有同志来找我议事，我仍然顶不住，因此，就继续犯错误……小平同志并不错，而我主持工作，我不是全面地听取各方面的不同意见，而是只听少数同志的意见，又不加分析就错误地向毛主席报告，干扰了毛主席。我的错误是严重的。”

毛主席同周总理单独谈工作时，说：“江青有野心，你看有没有？我看是有的。我比你了解她，几十年了，我对她做了许多工作，她就是不听。她搞了三件事，‘批林批孔’又夹着批‘走后门’，成了三个主题，就搞乱了。搞乱了也不告诉我。王洪文要来见我，江青又打电话要见我，我说不见，要见大家一起来。”

周总理一边听着毛主席说话，一边沉思想问题。当周总理汇报四届全国人大的人事安排时，毛主席一字一句地说：“我看让小平同志做个军委副主席、第一副总理兼总参谋长。”说着拿起笔来在纸上写了“人才难”三个字。总理说：“人才难得。”毛主席放下笔说：“是喔，是喔！”

“四人帮”终于没能改变四届全国人大的主要人事安排。在周总理主持下，党的十届二中全会于 1975 年 1 月 18 日在北京召开，选举邓小平为党中央副主席、中央政治局常委。

1975 年 1 月 13 日，在第四届全国人大会上选出了以朱德为委员长的全国人大常委会。任命周恩来为总理，邓小平为副总理。会后因周恩来有病住院，决定由邓小平主持国务院日常工作。

江青一伙深感这场斗争失败。她不死心，1 月 23 日乘飞机来长沙，要见毛主席。

毛主席说：“对你的意见我已写信告诉过你了。不要随便，要有纪律，要谨慎，不要个人自作主张，有意见要跟政治局讨论。人要有自知之明。”

江青听了毛主席的教训后，1 月 27 日愤愤地离开长沙，回北京去了。江青跑了一趟长沙，什么都没有捞到，觉得对她不公平，借古喻今，为自己登上权力的巅峰摇旗呐喊。1976 年 3 月 2 日，江青在北京擅自召集十一个省、市、自治区会议，并发表长篇讲话，提出“要共同对敌，对着邓小平”。她还表露了想当“女皇”的野心。她说：“有人写信给林彪说我是武则天，又有人说我是吕后，我也不胜荣幸之至……吕后是没有戴帽子的皇帝，实际上政权掌握在她手里。武则天，一个女的在封建社会当皇帝啊。同志们，不简单啊！”“诽谤吕后，诽谤武则天，诽谤我，就是诽谤毛主席嘛！”尽是胡说一通。

毛主席知道后，批评江青干涉太多了，单独召集十一省谈话。

七、穷于心计抓军权

“四人帮”早就筹划要把军权抓到手。1974 年 3 月 5 日，江青、张春桥召集于会泳、陈亚丁等人开会。江青在会上点名攻击中央领导同志，说什么“八一（厂）造孽了，军阀管你们”，“陈亚丁回去你要动一动了”。“春桥同志，看来要夺军权，军队文化工作还是让陈亚丁去管起来，你在军委提一下。”（张春桥当时是总政治部主任）江青以部署工作的口气说：“放火烧荒，你们去三个人，去放火嘛！”江青又说：“陈亚丁的问题，军委备个案。”张春桥说：“那没问题！”

此后，部队工作中的报告、文件和信件是写给军委的，但江青不送给军委主管部队工作的叶剑英同志，而往往批给了王洪文。他们秘密放火烧总后、烧总参，搞得人心不得安宁。

江青甚至想把火烧到毛主席的身边来。一天，她跑到游泳池，对毛主席说：“8341 部队是跟林彪的，靠不住的。”

毛主席没好气地批驳她说：“8341 部队是跟林彪的，林彪为什么要搞大小舰队？有 8341 部队就够了么！林彪逃跑，8341 部队一个人也没有被他带走嘛！ 8341 部队是一支好部队！”

江青的阴谋没有得逞，又生一计。一天，江青向汪东兴同志提出：“让迟群到 8341 部队当政委，你看怎么样？”

汪东兴同志说："迟群不能当政委。如果要去当政委，必须报告毛主席同意。"

汪东兴同志将江青的意见报告了毛主席。

毛主席当即反问道："迟群怎么能当政委呢？"

8341部队当时有数千人，是一支忠于党、忠于领袖、忠于国家、忠于人民的部队。

"四人帮"千方百计想从这打开缺口，抓到军队。他们是妄想，打错了算盘。抓不到军队，他们就改变决心，搞第二武装，抓"民兵"。

1974年的一天，江青同王洪文、张春桥说："现在抓军队，我们怎么样能把军队抓过来呢？这是决定胜负最关键的一步棋。现在抓军队都抓晚了……人总不能让尿憋死，我们搞第二武装，造反派还是听我们的话。把民兵组织起来，发给枪支弹药，进行军事训练，到了节骨眼上时，把这支队伍拉起来，是可以同他们较量一番的。"

江青看着王洪文说："洪文，第二武装，你在上海先搞起来。那是你的根据地，人熟地熟，又有群众基础。"

王洪文点头说："给民兵的武器要现代化，机枪、大炮，甚至火箭等都应装备齐全。不管出了什么情况，我们都要有自己的武装。'权'肯定不是靠别人恩赐，而是靠我们自己去夺取。"王洪文多次到上海，经过精心策划，把武装部改为民兵指挥部，另立系统，受"四人帮"一伙操纵，力图把它作为篡党夺权的工具。王洪文直言不讳地说："把我这支队伍（民兵）建设好，就是一个领导权的问题。要把现有的民兵武装牢牢控制在我们手里。"王洪文背着党中央和毛主席，在上海擅自扩大民兵组织，并且增加经费，生产军火，储备物资。

1975年9月18日，王洪文窜回上海，接见市委和民兵指挥部的头头。他说："我最担心军队不在我们手里。因此，要建立民兵指挥部，把武装部合并进来。这不是一个组织形式问题，而是一个战略问题。上海民兵是我和春桥搞起来的，你们可要给我抓好。现在，你们要做点思想准备，人家一巴掌打来，我们是否站得住脚。”

毛主席逝世后，上海民兵工作更加紧锣密鼓。他们在毛主席逝世后的第二天，决定把库存的几十万支枪发到民兵手里，为第二武装加强战备。

1976 年 9 月 21 日，张春桥、王洪文请上海市委徐景贤秘密来北京，汇报民兵战备情况。

徐景贤说：“上海民兵准备好了，可以应付一阵子了。”

张春桥接过话头说：“你回去要抓紧各方面的战备工作，不能只应付一阵子。要搞好战备，这是大势所趋，不以人的意志为转移。上海民兵责任重大，要注意阶级斗争新动向……”谈完话的当天，王洪文乘飞机去上海检查民兵战备落实情况。他回到北京后，江青便去找王洪文说：“洪文，你现在最要紧的事，是要抓紧上海的第二武装。”

王洪文说：“上海没有问题。我刚从上海回来，‘第二武装’已经部署就绪了。过几天，我准备再去检查一下。现在最大的问题是北京，如果这里的军队能控制在我们手里，就什么也不怕了。”其实，王洪文并不放心。9 月 23 日，又给上海市委王秀珍打电话，叮嘱“要提高警惕性，斗争并没有结束”。

9 月 28 日，张春桥又派他的秘书肖木去上海，向市委常委传达他的指示：“阶级斗争形势要经常研究，一方面要提高警惕，一方面要提高信心。当然要看到阶级斗争是曲折的，看到资产阶级还有力量，问题是谁挂帅。上海还没有真正经过严重考验，林彪要在上海搞都没有成功。”

“四人帮”为了在北京抓到“枪杆子”，商议分头在北京进行活动：

江青到昌平某部活动，王洪文到了保定某部活动，张春桥到通县某部活动。

他们分头串联，企图拉拢各部队跟他们走。结果谁也不理睬他们，他们忙活了半天，无功而回。

中国人民解放军是人民的子弟兵，忠于党、忠于国家、忠于人民，不会上那些野心家、阴谋家的当。

八、江青大闹政治局会议

1976 年 9 月 29 日晚，中央政治局在人民大会堂开会，叶剑英、李先念、汪东兴等同志和外地来京的政治局委员到会了。

华国锋同志主持会议。

江青气鼓鼓地首先发难，劈头提出："毛主席逝世了，党中央的领导怎么办？"

王洪文、张春桥也迫不及待地帮腔，说什么"今后要加强集体领导，为了保证不偏离毛主席的革命路线，我们就在今晚研究讨论安排江青的工作问题"。

一时间，空气异常沉闷。很显然要求讨论安排江青的工作，实际上他们是要江青当党中央主席，这是绝对不可能的。"四人帮"错误地估计了形势。过去政治局开会，江青胡搅蛮缠，无理取闹，大家还是原谅她的。现在不行了，毛主席指定华国锋为第一副主席，主席的位置就没有江青的份儿了。即使他们要大吵大闹，许多政治局同志都会理所当然地起来抵制他们，顶住他们的无理取闹。王洪文、张春桥把江青"抬出来"，立即遭到叶剑英等许多同志的反对。

华国锋同志这时在会上念了毛远新写的一封信，信中大意是这样的："我是毛主席的联络员，是从辽宁来的，毛主席现在去世了，我没有事可做了，是留在北京还是返回辽宁？我觉得返回辽宁好。”

华国锋同志念完信，说：“我同意毛远新同志回辽宁。”

江青一听让毛远新回辽宁，语无伦次地说：“毛远新应该留下。”其实，毛远新给华国锋写信，是江青一伙人事先策划好的，是试探华国锋同志的真实态度。她没有想到华国锋同志一下子砸烂了他们的如意算盘。

江青瞪着眼睛，讲道：“毛远新不能回辽宁，要留下来起草报告。他还要处理毛主席的后事！”

华国锋同志没好气地盯着江青，说：“你不是说过，毛主席的后事你不参加，毛远新也不参加吗？怎么现在又说毛远新要留下来参加后事呢？”

江青这时气得青筋暴涨，高声吼道：“我什么时候讲的，我根本就没有讲，这是栽赃，这是诬陷！”江青的撒泼，在座的中央政治局委员都看到了。也就在这时，汪东兴同志出来作证：“江青是讲过她与毛远新不参加毛主席的后事！”

在证人面前，江青脸面大扫，立刻又哭又闹，说：“你们这是要赶我走，我偏不走，我要留下！”

张春桥见此情景，马上打圆场道：“还是这样吧，毛远新暂时留在这里，他熟悉情况，毛主席写的东西只有他能看懂！”

江青又使出演员的技巧，也不哭不闹了，说：“对，还是把毛主席的文件、材料交给毛远新，这样做我放心。”

叶剑英同志这时斩钉截铁地说：“我同意国锋同志的意见，毛远新还是回辽宁，文件仍由中央办公厅负责保管。”

会议对峙到次日凌晨。江青眼看难以实现自己的意愿，再一次哭闹起来，“喂！你们不想讨论了！？好吧，有关的留下，无关的都走！”

好像政治局会议是江青在主持，由她发号施令。

华国锋同志叹着气，说：“这样，叶副主席年纪大了，先念同志身体有病，两位可以先走，其他同志留下来，还是不要走。”

江青态度强硬地说：“不行！”

王洪文也附和道：“无关的都走！”

叶剑英同志愤然离席，接着有几个委员相继离开会场。汪东兴同志没有走，他怕出现意外情况。

江青又开始喧嚣起来，感到无关的人还没有走完，死死扭住华国锋同志不放。

华国锋同志不耐烦地说：“你们究竟想要干什么？”

江青说：“要讨论起草三中全会的政治报告。”

张春桥也跟着讲：“毛远新不能走，还要他准备三中全会的报告。”

华国锋同志马上说：“会议开到这里，不要再吵了。我认为毛远新应该回辽宁去，这是政治局多数同志的决定。”又说：“由于叶副主席和其他一些委员不在场，关于三中全会的问题根本不能讨论。”华国锋同志毫不客气地说：“即使三中全会要做政治报告，也应该由我来做，应该由我来准备，至于党中央的人事安排，应该由政治局讨论决定。”

讲完后，华国锋同志站起来，说：“散会！”

10月1日至5日，江青等先后去清华大学、北京大学、二七厂等单位频繁活动，到处发表演说，蛊惑群众。她在清华大学居心险恶地说：“有人要迫害我，有人要弄死我。他们绑架了我一次，我准备被绑架第二次。我随身带了一把剪子，准备自卫。我向你们年轻人宣誓：我要斗，我还能斗，我要锻炼身体，跟他们斗。”

江青还散布谣言：“毛主席这么早逝世，是受了林彪、邓小平的迫害，特别是邓小平，你们要继续批邓，要把邓小平批深批透，批倒批臭。”同时，江青也在为自己梦想登基制造混乱。她对群众讲道：“什么叫生产力呢？我在政治局的一次会议上讲，生产力最主要的是劳动力，劳动力是我们妇女生的。你们在座的诸位，都是我们妇女生的。”一席话讲得一些师生、员工睁大了眼睛：这江青究竟懂不懂政治经济学，懂不懂生产力的概念呢？

江青这几天外出，不告诉警卫部门，而是让她的亲信派民兵给她站哨。

10 月 3 日，王洪文窜到北京郊区平谷县。他一到便坐在那里，问人家：“中央出了修正主义，你们怎么办？打倒。别人搞修正主义我也打倒他们，我搞修正主义，你们也来造反，要把眼睛睁得大大的，看着修正主义……”

九、我负责一个行动小组抓江青

党中央决定：粉碎“四人帮”反革命集团，把王洪文、张春桥、江青、姚文元抓起来法办，做到一网打尽。

这项行动由华国锋、叶剑英同志领导部署，汪东兴同志负责组织实施。

从中央警卫局和中央警卫团抽调二十几名干部，组成四个小组，分别交代任务。

1976 年 10 月 6 日下午 3 时，汪东兴主任通知我和中央警卫局副局长武健华到他办公室，正式给我们交代任务：“中央决定在今天晚上 8 时统一行动，粉碎‘四人帮’。你和健华逮捕江青。”

汪东兴同志还交代了逮捕方式：“你去了向她说：接华国锋总理电话指示，中央决定将你隔离审查，到另外一个地方去，马上执行，交出文件柜钥匙，不准打电话。”并说：“对毛远新实行保护审查……你也一并解决。”

我领受了中央的任务，当即对汪东兴同志说：“对，‘先下手为强，后下手遭殃’。”现在想起那时的情况，的确是这样。江青一伙人正在蠢蠢欲动，加紧篡权，党、国家和民族处在生死存亡的关键时刻，我们必须先下手，把他们一网打尽。

我们的准备工作就绪后，一看表才下午5点钟，离晚上8点钟还有3小时。这3个小时勾起了我对许多往事的回忆，越发感到江青罪大恶极。“文革”期间，她利用职权，打着毛主席的旗帜，破坏毛主席的战略部署，煽动全国造反派搞武斗，搞打、抓、抢、抄家、无故抓人、关押人、搞批斗、整老干部，受江青残害的干部和群众不计其数。“文革”期间搞得那么乱，拖的时间那么长，就是江青一伙人想要整我党我军的老干部，她连周总理也不放过，经常折磨他、干扰他。她要孤立毛主席，便于她篡夺党和国家最高领导权。

我是经历过这段历史的见证人，一想到“四人帮”给我们党、国家和人民造成的深重灾难，我就恨之入骨，想马上去把她抓起来法办，治她的罪。

时间到了，我同武健华与一中队指导员李连庆等十几个干部出发了。江青当时住在中南海201号楼，这个地方我过去经常去，每个角落都很熟悉。晚上8时，我们先到毛远新住所，进到他的办公室，他们正在看电视。毛远新见到我们这些“不速之客”，立即站起来，关了电视机。

我宣布：“毛远新，我接华国锋总理电话指示，党中央决定将你‘保护审查’，为了你的安全，还住在这里（中南海），但要换一个房间。现在你把文件柜钥匙和手枪交出来。文件和材料由中央办公厅派人来接收。你的生活、安全仍由李连庆指导员负责。不准向外打电话，要遵守纪律。你写的交代材料，交李连庆同志转送中央。”

我宣布完后，毛远新骄横地说：“毛主席尸骨未寒，你们就……”没有再说了。他不主动交钥匙和手枪，我们的一位干部上去收缴了他的钥匙和手枪。

江青离毛远新住地很近，我和武健华等同志在晚上8时30分来到她的住所。一进她的办公室，她正坐在沙发上。我向她宣布：“江青，我接华国锋总理电话指示，你现在还进行分裂党中央的活动，党中央决定将你实行隔离审查，马上执行。你到另外一个地方去，你要老实向党坦白交代你的罪行，要遵守纪律。你把文件柜的钥匙交出来！”

由于我对江青的极大愤恨，我当时说，“你现在还进行分裂党中央的活动，你要老实向党坦白交代你的罪行，要遵守纪律”，是我临时加上去的。

在我宣布的时候，江青双目怒视，一动不动地坐在沙发上听着，未发一言。她似乎早有思想准备，会有这一天的。她没有大吵大闹，也没有在地上打滚。

我宣布完后，江青站起来，从裤子口袋里掏出一串钥匙，拿了一个信封，用铅笔写上“华国锋同志亲启”，然后将信封两头用密封签贴好，顺手交给我。这时，武健华同志上前领着江青出来了。外面专门为她准备的红旗轿车在等候着，江青以一种惯常的姿态上了车，将她送到另外一个地方去了。没有给她戴手铐，没有人向她扔纸团、吐口水。

其实，1975 年 5 月 3 日，中央政治局会议上，毛主席就严肃地提出了解决“四人帮”的问题，说：“上半年解决不了，下半年解决；今年解决不了，明年解决；明年解决不了，后年解决。”这番话虽然没有明确解决“四人帮”的方式，但它表明了毛主席解决“四人帮”的决心和时间。在毛主席生前没有解决“四人帮”的问题，但是在他逝世后的第 27 天，在党中央领导下，一举粉碎了“四人帮”反革命集团。

第七章
毛主席生活拾趣

人们看来，毛主席的生活是很枯燥的。其实并不是这样，他是一个富有情趣的人。他谈吐幽默，跟身边的人非常随和，喜欢游泳、爬山，平时爱和身边的人逗逗趣，大家在一起就像一家人一样。在毛主席身边工作，我们一直相处得很愉快。在这一点上，江青与毛主席反差强烈。江青跟她身边的人难以处在一起，动不动就跟人吵，赶人家走。毛主席曾对我们讲："跟自己身边的人都搞不到一起，这等于是自己孤立自己，心不齐，力难支，蜂王再大也做不起巢，自己把自己搞得很累，何苦来哉！"

一、“来来来，我们比一比手劲”

1974年9月30日，毛主席在武汉。晚上10点钟，张玉凤同志来电话说：毛主席找你。我大步地走到毛主席那里。毛主席正坐在沙发上，一见我就笑着说：“来来来，我们比一比手劲，看谁的劲大。”

我看毛主席是吃了安眠药，却很兴奋，没有睡着觉。我摆出一副较量的架势，但没有用劲，有意让毛主席赢。他一开始就使劲压住我的右手，我说：“毛主席！你的手劲大，我比不过你。”

毛主席哈哈大笑，兴致很高。然后，他对我说：“我们今天晚上去长沙。你告诉医生明天回北京，眼科罗、方医生回成都，方医生回上海，李培英医生回北京医院。需要时再来。”

我说：“毛主席，内科医生跟我们去长沙，给我3个小时做准备。”

毛主席说：“好！”

我回到住所分别通知有关部门立即进行准备工作，通知眼科、化验医生明天回北京，再从北京回到原单位，需要时再请他们来。

凌晨1时，毛主席离开武汉。10月1日早晨6时多，到达长沙，住在九所6号楼。

11月14日凌晨4时20分，毛主席接见内、外科医生，说：“见见你们，你们回去好参加临床试验，不要脱离临床，这是正确的。你们的工作是好的，帮了我很大的忙，成绩是九分，缺点是一分（用无名指示意），不足的就不说了。”毛主席谈话 15 分钟。

最后，医生给毛主席看了身上的皮肤病，量了血压。当时血压是 130/80，脉搏 83 次，发现一个早搏，其他均正常、规则。

1974 年 11 月，81 岁高龄的毛主席在长沙的省游泳馆游了几次泳，最多的游了 45 分钟，最少的游了 30 分钟。

其间，从北京请来了两位皮肤科专家袁兆庄、赵炳南。11 月 20 日，毛主席游完了泳，正在休息，汪东兴同志向毛主席介绍了两位医生。

当时，袁医生看了毛主席身上的皮肤病，很有把握地说：“毛主席，这个皮肤病好治，有几天就可以治好。”

毛主席听后开玩笑地说：“你吹牛皮。”

袁医生根据自己的经验，认真分析了毛主席的皮肤病，采用口服药、外擦药的治疗方法。过了几天后，有了明显好转，最后终于痊愈。

毛主席在长沙住了 100 多天，说：“我要走了，让你们好好地过个春节。”在此期间，接待处全体同志热爱毛主席，关心毛主席，积极努力，认真细心地做好了各项服务工作。

1975 年 2 月 3 日，毛主席离开长沙到达南昌，在南昌过春节，住了两个晚上。

2 月 6 日，毛主席离开南昌，晚上到达杭州，住在汪庄。

4 月 12 日晚 10 时 15 分，毛主席离开杭州经上海北上。4 月 13 日晚，回到北京中南海。

二、风雨无阻爬山锻炼身体

1953 年 12 月 24 日至 1954 年 3 月 7 日，毛主席带领一个起草《中华人民共和国宪法》草案写作小组来到杭州。毛主席住在刘庄，写作小组住在北山。我带领一支警卫部队分驻两地担任安全保卫工作。

毛主席说："一个团体要有一个章程，一个国家也要有一个章程，《宪法》就是总章程，是根本大法。用《宪法》这样一个根本大法形式，把人民民主和社会主义原则固定下来，使全国人民有一条清楚的轨道，使全国人民感到有一条清楚的明确的和正确的道路可走，就可以提高全国人民的积极性。"

毛主席深刻知道一个国家《宪法》的重要意义。这是一个社会主义类型的《宪法》，要照顾到过渡时期的具体情况。因此，他自始至终领导和参加《宪法》的起草工作，不仅提出了制定《宪法》的指导思想和许多重要内容，而且还反复进行文字修改工作。

起草中华人民共和国第一部《宪法》，一切工作都要从头开始，工作量很大，非常紧张和劳累。在此期间，毛主席风雨无阻地坚持爬山锻炼身体。他说："散步是锻炼身体，也是锻炼意志。"毛主席散步，有时（常在工作时间长了，睡觉前）在院子里走走，约 10 或 20 分钟，他的工作时间宽裕时则到野外走走，约 30 分钟或 1 小时。散步时，爱和跟随的人聊天，天南地北、海阔天空都谈。他谈为主，问问你家庭情况、家乡情况……还谈到一些重大的国内、国际问题，问问你的意见如何。比如，“应不应该打过长江去解放全中国？”“美帝国主义快打到中国鸭绿江边了，我们敢不敢和美帝国主义打仗？”有山的地方就爬山，领略风光；有江海的地方则游泳。这次在杭州是冬季时节，主要是爬山，一般在下午3点左右出去，到晚上六七点钟回来。他爬山就像他游泳一样，谁也甭想打乱他的计划。他的意志坚强，轻易不愿改变初衷，哪怕途中遇到荆棘或坎坷，他也向上爬去。他把杭州周围有名的大、中山峰几乎都爬过一遍，先后共爬了35座山。其中，“岳王庙”爬了2次；“南高峰”爬了3次，这座山比其他的山要高；“北高峰”爬了3次，下着雨坚持按计划爬完。

毛主席说：“不要因为下点雨，就干扰了我们散步的计划……我们人民解放军从来都是风雨无阻的嘛！”

三上北高峰，杭州一望空。
飞凤亭边树，桃花岭上风。
热来寻扇子，冷去对佳人。
一片飘飘下，欢迎有晚鹰。

这是毛主席在杭州写的一首五律，真实地描绘了在北高峰上一览杭州的感受。

“五云山”也是一座高峰，上下山50多里，山顶上有寺庙。一天下午，毛主席从西湖方向上山，爬到半山腰，太阳偏西了。要是爬到山顶上，太阳就要落山了，天黑了看不清路。为了毛主席的安全，不能再往上爬了。有的同志动员毛远新去劝毛主席下山：“今天太晚了，天快要黑了，我们下山回去吧！下次再来。”毛主席听了，不高兴地挥挥手说：“你们没有志气，就不要来。”

我们听到毛主席批评，再也不吭声了，继续往山顶上走，一直爬到山顶上。太阳落山了。毛主席还要参观寺庙大殿，找和尚谈话，然后出来同我们一起合影。

往回走时，毛主席不走回头路，只有从钱塘江方向下山。这条路不朝阳，山坡上还有一层积雪，天黑了路滑，走起路来一脚高、一脚低，实在太难走了。我们走到山脚下时，已是晚上8点钟了，离公路还有几里路呢！

毛主席对我们说：“凡能做到的事，都要提倡，做体操、打球、跑步、爬山、游泳、打太极拳及各种各样的体育运动。”“爬山就是前进，使人步步登高，可以尽情地享受山中的新鲜空气、阳光和无限风光，锻炼身体，舒畅胸怀。爬上山顶，举目瞭望，会有胜利在握、心旷神怡的感觉。”

我们爬的“莫干山”离杭州市84公里。山上翠竹密林，绿荫环绕，气候凉爽宜人。“莫干山”上还有多姿多彩、星罗棋布的亭台别墅和名胜古迹。由于有这些优越条件，“莫干山”便成了我国四大避暑胜地之一。

“碧云山”从山脚到山顶四五里，还要从山腰横穿向西走10里，然后才能向山顶上爬。在途中休息了十几分钟，这时太阳快要落山了。我们建议：“毛主席！往回走吧！天黑了看不见路了。”

毛主席没有答话，继续向前走，过了一会儿，停下来擦了擦身上的汗，笑着说：“你们都累了吧？我也有点累了，身上已经流汗水啦！”

我们又建议：“那我们下山回去吧？”

毛主席说：“不，不！走得累一点，身上流点汗水，这对身体有好处，这才叫锻炼身体！锻炼身体要有点毅力，不能累了就不干啦。”一席话说得大家哈哈大笑起来。

毛主席转过身对后面的同志说：“好马不吃回头草。我们往前走，绝不下山。”过了一会儿，毛主席又说：“刚才说好马不吃回头草，是说的马，我拿这句话做比喻，我们人也可以说，好人向前，坏人向后，一个革命者干什么事，总是勇往直前。”

爬山时，毛主席总是和工作人员说说笑笑，气氛十分活跃，常常不知不觉地就爬到了山顶。站在山顶上，极目远眺，杭州城环抱西湖，满目青翠，一片葱茏，阵阵清风吹来，令人心旷神怡。毛主席说：“爬山是全身运动，既能增强体质，又能观赏风景，还可以使人心胸开阔。只有站得高，才能看得远嘛！这是一举三得。”毛主席青年时代就爱好爬山，参加革命后，在战争年代，在江西粉碎蒋介石一、二、三次反革命“围剿”，中央工农红军长征二万五千里，在陕北胡宗南进攻延安时，几乎天天要爬山。其中，有许多有名的大山。比如，井冈山、武夷山、夹金山、六盘山等数也数不清的大山。战争年代爬山，是为了打仗，消灭敌人，争取胜利；和平年代爬山，是为了锻炼身体，增强体质，锻炼意志。

三、朴素的生活

毛主席经常对身边的工作人员、警卫战士和服务员说："要注意勤俭节约，处处爱护公物，注意节约水电。"甚至要求火柴用完了，把火柴盒留起来，买些散的火柴装上再用。"一粥一饭都是来之不易，一针一线也不应该浪费，这都是来自人民，是劳动人民流血流汗生产的果实，如果浪费了，就是白白丢了人民的劳动果实和自己的财富，影响我们国家财富的积累。万万不可以这样做。""几颗小麦做一个馒头？几株稻子做一碗米饭？有谁算过这笔账？"

毛主席常说："我们的国家是一个大国，人口众多，如果一个人一天浪费一粒米，一年就要浪费掉365粒米。这样，8亿人一年浪费的粮食积累起来，就能救济很多灾民。如果8亿人民每天再节约一粒米，其数量不就可观了吗？实行勤俭节约，反对浪费，能使我们的国家富强了再富强，使人民生活提高了再提高。""只要大家注意，处处都可节约，积少成多嘛！节约也是建设社会主义重要的一条。"

毛主席是这样要求别人的，也处处用这些原则严格要求自己。

在衣着上，毛主席进城做过一套制服。这套制服只用于接见外宾和参加会议等场合穿，其余时间穿便服或睡衣办公、阅批文件、看材料、看书、看报。开国大典时，做了一套制服，只穿了一天，以后再不穿了，送给身边工作人员了。

1972年，美国总统尼克松访问中国。工作人员向毛主席建议做一套新制服，原来那一套太旧了。毛主席同意了，做了第三套制服。这一套也只穿了几个小时，以后再也没有穿过。他的衬衣、睡衣、袜子、毛巾被、布鞋、拖鞋等都是旧的，打过很多补丁。不管哪一件，总是破了就补，补了再补。实在不能补了，总是说："想点办法嘛，艰苦奋斗是我党我军的光荣传统啊！"

我们见到毛主席的衬衣、睡衣、毛巾被等的补丁"千姿百态"，"不成方圆"，灰布头、蓝布头，也有白布头，有什么布头就补什么布头。他说："没有关系，穿在里面别人看不见，我不嫌就行了。我的标准是不露肉、不透风就行。"

毛主席说："我节约一件衣服，前线战士就能多有一发子弹。现在国家还穷，不能浪费啊！"他穿的两件睡衣，一件黄色，一件白色，裂了口子，缝一缝，破了找块布补好，一件有59个补丁，一件有67个补丁，实在太破烂了。曾有一位同志把这件补丁最多的睡衣换下来，拿了一件新的睡衣放在他的卧室里。这一天，毛主席起床穿衣服时，发现睡衣换了，很不高兴，一再追问："那件睡衣到哪里去了？……"工作人员只好又把那件破旧的睡衣拿回来让他穿上。毛主席边穿边说："习惯了，还是这件补了补丁的好穿。"

进北京城后，毛主席做过一双棕色皮鞋，时间久了，旧得褪了色，身边人员劝过多次，再买一双新的皮鞋，他就是不同意，直到他去世也没有买第二双皮鞋。给他买来的新布鞋，他要先让卫士或警卫战士帮他穿旧了再拿给他穿。毛主席说："我年纪大了，穿旧的舒服。"

最值一提的是一双旧拖鞋，鞋底早磨穿了，已修过好多次了，毛主席也不愿意丢了，坚持说还能穿。周福明同志不敢丢了，只好随毛主席外出，把拖鞋带到长沙，找修鞋技术高的师傅修理。可是在长沙市里连找4家鞋铺，提起拖鞋看了又看，都是一句话："换双新的吧，这鞋没法子修了。"周福明心想：毛主席不愿意丢，修鞋师傅不能修，怎么办呢？再去找找，再去碰碰看。顺着大街左转右转，找到一家，这家修鞋师傅是老修鞋匠，耐得烦，功夫细，好说歹说，又帮他打下手，又递烟，这才算把拖鞋修好了。拿回去，毛主席穿上了很满意。他一再叮嘱工作人员："凡是给我添置衣物之类，不经我允许不准做新的。"

在饮食上，毛主席基本上保持了农民的生活习惯。他一天基本上吃两餐饭，个别时候也吃三餐。工作繁忙时，顾不上吃饭，有时一天只吃一餐饭。每天只饮茶，不喝牛奶，不喝酒。主食以大米为主，爱吃糙米饭，有时大米掺些小米，大米掺点芋头，新鲜玉米和烤红薯代主食。副食以青菜为主，肉类爱吃红烧肉。1948年在河北省西柏坡期间，毛主席指挥三大战役（辽沈、淮海、平津战役），工作非常紧张，不知有多少日夜不眠，警卫战士想把毛主席的伙食搞好一点，主动到滹沱河捉鱼。毛主席知道后说："你们不要乱忙，你们弄来了我也顾不上吃。你们只要隔3天给我吃顿红烧肉，我肯定能打败蒋介石。"

"济南解放了，"毛主席拿着电报向卫士们挥着手说，"攻克济南了！"一个卫士调皮地把它与红烧肉联系起来说："毛主席吃了红烧肉，指挥打仗，没有不赢的。"

到了20世纪60年代后半期至70年代，毛主席因年纪大了，基本上不吃红烧肉了，什么炒肉丝、肉片、炒腊肉之类不爱吃，牛羊肉基本不吃，也不爱吃海鲜。比如，大虾、鱼翅、鱼肚、鱿鱼、海参等。主要吃青菜，吃白鲢鱼。他在20世纪50年代还吃点橘子、桃子、西瓜，后因牙齿不好，到60年代后期，他什么水果都不吃了。

毛主席工作起来从不分钟点，经常连续几个昼夜不停，吃饭也没有钟点，只是感到饥饿了，才想起吃饭。习惯于每餐饭简单朴素、粗茶淡饭，一生没有吃过任何补品。他为了党的事业和中国人民的解放事业，辛辛苦苦工作，终生奋斗不息，从来没有追求过非分的享乐。在他看来，追求个人吃喝享乐，那是格调很低、很庸俗的事，他尤其厌烦宴会。在20世纪50年代，我国接待外国元首、政府首脑，举行国宴标准偏高，一般都有山珍海味等贵重食品。为此，毛主席曾做过指示："不能总是山珍海味，既浪费又不实惠……我们生活在这个世界上，不是为了吃世界，而是为了改造世界。这才是人，人跟其他动物就有这个区别。"

在三年暂时困难时期，为了战胜苏联对我国经济建设施加的压力和自然灾害，毛主席与全国人民同甘苦，7个月没有吃肉，也不喝茶了。警卫战士看到毛主席这样艰苦，心里非常难过。大家说：我们这么大一个国家，毛主席为广大劳动人民日夜操劳，还在乎他老人家吃点肉、喝点茶吗？工作人员再三劝毛主席吃点肉、喝点茶："你年纪大了，又是高度脑力劳动，需要补充营养。"毛主席说："有饭吃，有青菜就很好嘛。"

周总理有一天到毛主席住所谈工作。谈完了，周总理关心毛主席的健康，劝他吃点肉。

毛主席笑着说："你吃不吃肉？"

周总理也笑了，说："大家都没有吃肉了。"

毛主席说："大家都没有吃肉了，我们要和人民群众一起过艰苦生活嘛！"

毛主席是生在农村，长在农村，青年时代是一个穷学生、穷教书匠。参加革命后，在长期的革命战争中，条件极其艰苦，常常吃不饱饭。1932至1934年在江西瑞金期间，每人每天只有12两粮食、5分钱菜金，只能吃上两顿饭，其他什么都没有，照样过来了。

到了北京，条件比过去好得多了，但是毛主席一直保持了艰苦朴素的生活作风。医生和工作人员都劝毛主席："要加强营养，多吃点有营养的食品，每周制定菜谱，改善饮食习惯。"毛主席听后就烦了，说："全国农民要是都能吃上我这样的饭，那就不错了，你们就可以来跟我提建议了。"

毛主席特别关心农民生活，关心全国人民的生活。他活得洒脱，对金钱、物质生活条件方面从不讲究。他不讲吃，不讲穿，生活不拘小节。对于钱，他绝不当它的奴隶。没有钱，他不苦恼；有了钱，他也不当守财奴。他同蒋介石握过手，就是不摸钱，他讨厌钱。

毛主席 1976 年去世时，身后除了几套衣服外，没有一分钱的存款，没有给子女留下任何遗产。只留下了他终生痴迷挚爱的 80000 多册书籍！还有他的著作出版所得、由中央办公厅特会室管理的稿费。这就是毛主席的全部家当！

毛主席 1966 年搬到中南海游泳池居住。游泳池是新中国建立初期为中央领导同志游泳修建起来的，一个室内，一个室外。毛主席把室内游泳池临时更衣室的一间约 15 平方米的房子用作卧室。另外一个大厅，用于开会、接见外宾和兼作书房。这样，中央政治局召开会议、接见外宾等中小型活动，不到外面去了。方便了毛主席的活动，为他节省了许多走路的时间。这是毛主席自己想出的办法和选定的地方。

1945 年 8 月 28 日，毛主席从延安到重庆同蒋介石谈判时，郭沫若同志看到毛主席没有表，送给了他一块瑞士产的手表，毛主席很珍爱它。时间久了，有的机件失灵，送去表店修理时，临时拿来一块礼品表，想给他换一下。毛主席看见了说："我还是用我原来那块表，外宾送的礼品统统要交公，不能留下一件东西。"郭沫若同志送的表，他一直戴到生命的最后一息。如今，这块表存放在毛泽东纪念堂里。

四、打球也要讲友谊、讲团结

1969 年 10 月中旬，林彪说："根据当前动态，苏联要进攻中国，我们要备战，要准备打仗。中央领导同志要疏散到外地去。"

10 月 15 日，毛主席乘专列离开北京到达武汉，住在东湖宾馆 1 号楼。在武汉期间，毛主席很少出外散步，整天忙着看文件、审批文件、看资料、看报看书、思考国内与国际问题。

一天，一中队同机关和警卫部队的同志进行了一场篮球赛，一中队赢了。周福明同志将此事向毛主席说了。没有过几天，双方商量再进行一场球赛，地点在东湖梅岭旁边的球场上进行。

周福明同志向毛主席报告了，他点了点头，没有说什么。

双方队员正在球场上练球。

毛主席兴致勃勃地来到球场，双方队员看到毛主席来看打球，非常高兴。球场上哨音刚响，争球开始了，球一出手，整个球场上角逐起来了，双方争夺不让，特别是在抢篮板球时，毛主席站在那里都看笑了。

过了一会儿，工作人员搬来一把椅子，请毛主席坐下来看，

他坐下后掏出一支烟，点燃后猛吸了一口。这时一中队进球了，透过烟雾还清楚地看到毛主席那慈祥的笑容。当机关球队进了球，毛

主席轻轻地鼓了掌。在他看来，这次应该让机关球队赢。但是，一中队球员争球激烈，当球在对方手里时，非要把球夺过来，毛主席看了不高兴，他很希望一中队打得谦让一些，打出风格来。

球赛结束了，毛主席看了记分牌，还是一中队赢了。

毛主席没有吭声，离开球场沿着湖边走。我们跟在其后，转了半个圈子，他没有说话，仿佛有不少心事。回到 1 号楼，毛主席来到休息室，坐在沙发上点上一支烟，然后他说："打球，不要老想赢人家嘛；要讲友谊、讲团结啊！要有风格，要谦让。你们这些人到地方上，人家总是热情接待你们。今后不管到了什么地方，都要尊重人家，要尊重他们的领导，尊重大师傅、服务员和水电工人，说话要和蔼。"

毛主席的重要指示，我向一中队同志做了传达，并组织大家讨论了两个小时。同志们都说："毛主席的指示意义重大而深远。赛球不是为了赢几分的问题，更重要的是通过赛球活动，同兄弟部队联络感情，增加友谊，加强团结合作，共同保卫好毛主席的安全！为了赢球的思想，出发点就是错误。"

过了几天，毛主席来到一中队宿舍看望大家。他走进一间战士宿舍说："我来看你们在干什么。"

毛主席笑容满面、和蔼可亲地对战士张广民说："你是山东人吧？"张广民说："毛主席！我是山东人。""你叫什么名字？""弓长张，广大的广，人民的民，张广民。"毛主席"噢"了一声，便转过头来对大家说："好，要和广大劳动人民在一起。"

毛主席指着在场几个战士说："你是山东的，你是广东的，你是河南的，你是江苏的……我是湖南的，咱们一个人一个省，是五湖四海啊！"

毛主席对广东籍战士意味深长地说："你们广东肇庆的曾文，到哪里去了？我很想他。”毛主席难过地说：“曾文是五华县人，从小没有父母，是卖给人家的。你们知道吧？曾文在回乡调查材料中说，他们那里的老百姓组织起来，同自然灾害做斗争的事迹很可贵啊！合作社就应该起这样的作用。”毛主席赞扬了那里的群众与自然灾害做斗争的精神。

第八章
毛主席对人对事对子女

毛主席是一个光明磊落的人，既能反省自己的思想和问题，又能谅解别人的难处和苦衷。他尊重别人，也希望别人尊重自己。他对人对事对家庭成员既有人间真情，又讲原则性，一切从党和国家大局出发，原则性中伴有灵活性。很多时候，他的亲情、友情、同志情往往交汇在一起，让人感到伟人也是凡人。但是，他在大多数时候的同志情、战友情远远胜过了亲情。

一、毛主席参加军人大会

旧军队里打骂体罚士兵是司空见惯的事。毛主席说他也参加过旧军队半年时间，严格得很，深知旧军队管教士兵的恶习，也深切痛恨。

毛主席参加革命，创建了中国工农红军，重视政治建军，加强军队思想政治工作，加强“三大纪律八项注意”的教育和贯彻执行。

中央政府警卫连是 1933 年 7 月在江西瑞金沙洲坝成立的。干部有北方人，也有南方人，三排王排长是北方人，从旧军队过来的，思想作风存在着严重的军阀残余。他对战士说话的态度生硬粗暴，有时骂战士、打战士、用脚踢战士，有的战士受不了这种气，开小差回家去了，造成部队减员。王排长同驻地群众关系也不好，老百姓放了几个马桶在营区厕所旁边，为积点尿水作肥料，他用脚“砰砰砰”地踢得老远，有的马桶被踢坏了。老百姓意见很大，非常气愤地说：“我们放几个马桶积点尿水，又不影响你们什么嘛，为什么不让我们积呢？让它白白地流走了呢？还把我们的马桶踢坏了。”这些情况很快传到了毛主席耳朵里。毛主席亲自前来参加军人大会。

1933 年 12 月上旬，警卫连正准备开会，这时毛主席来了。全连同志心情很激动，大家热烈鼓掌，毛主席微笑着向大家招手致意。

王自然连长宣布开会，请毛主席讲话。

毛主席站在主席台前说：同志们！警卫连担任中央政府机关安全保卫任务，你们的工作做得好，成绩是主要的。今天我主要讲讲官兵关系、军民关系问题，这两个问题对于工农红军来讲都是非常重要的。你们连三排长发生骂战士、打战士、脚踢战士的行为是极其错误的，没有把我们的战士当阶级兄弟看待。有的战士挨了打，受不了这种气，开小差回家去了，造成部队的减员；王排长还以粗暴行为踢坏了老百姓积肥的马桶，损坏了群众的利益，破坏了军民关系。这种不关心爱护战士、不尊重战士人格、破坏官兵团结、不尊重老百姓、损坏群众利益、破坏军民关系的行为，是军阀残余作风，必须坚决纠正。

共产党领导中国工农红军，军民关系好比鱼和水的关系，鱼离开了水就不能活。同样，红军离开了人民群众的支持拥护，就无法打胜仗。中国工农红军是人民的军队，是为人民谋利益求解放的军队。因此，红军指战员都要爱护人民群众的利益。一定要搞好军民关系，加强军民团结。军民团结如一人，试看天下谁能敌。

中国工农红军与国民党蒋介石的军队，有本质上的区别。两种军队代表着两个阶级的不同利益。国民党蒋介石的军队，代表资产阶级、地主阶级和极少数人的利益，当官的都是资产阶级、地主阶级出身的和他们的兄弟及儿子，或是他们的亲戚朋友，他们诚心为资产阶级和地主阶级效力。这些当官的为了个人升官发财，压迫剥削士兵，克扣士兵军饷，喝兵血，肥了自己。他们还用种种欺骗、打骂手段统治士兵，驱使士兵为资产阶级、地主阶级上前线打仗卖命。

共产党领导的中国工农红军，是要打倒国民党蒋介石的军队，推翻资产阶级、地主阶级，解放全中国！使工人、农民和一切劳动人民都有饭吃，有衣穿。红军的干部绝大多数都是工人、农民、劳动人民出身的子弟，是由战士培养提拔起来的。干部和战士只是分工不同，都是阶级兄弟，在政治上一律平等，大家都是为工人、农民和中国各族劳动人民求解放来当兵的。中国共产党领导的中国工农红军重视军政团结、官兵团结、军民团结，团结就是力量。干部要模范遵守“三大纪律八项注意”，要关心爱护战士，遇事要冷静，说话态度要和蔼，不要急躁，处理问题要耐心，不要简单粗暴，要学会管理教育部队的方法。要严格禁止打骂战士、侮辱战士人格。战士要尊重干部，服从领导，听从指挥，遵守纪律。

毛主席说：三排长怎么处理呢？他违犯“三大纪律八项注意”，为严肃纪律，教育本人，撤销排长职务，调离警卫连。希望王排长好好改正错误，只要改正错误，就是好同志。

毛主席还讲了当前革命斗争形势，说：现在国民党蒋介石调集了几十万军队向中央苏区发动第五次反革命“围剿”，实行堡垒政策，步步为营，紧逼中央苏区，妄图消灭中国共产党、中国工农红军和苏维埃政府。在这种形势下，我们全党、全军和全苏区人民团结起来，团结千百万真心实意拥护革命的人民，进行革命战争，坚决粉碎国民党蒋介石的反革命“围剿”！

毛主席的讲话使警卫连干部战士深受鼓舞和教育。从此，全连干部战士互相关心，互相帮助，上下之间更团结了。警卫连每周星期六，组织干部战士帮助驻地群众生产劳动一天，军民关系大大地改善了。

二、毛主席约请彭德怀谈话

1965 年 9 月 23 日，毛主席约请彭德怀同志到中南海颐年堂谈话，准备让他出来工作。六年前，中共中央在江西庐山举行了政治局扩大会议，彭德怀感到会议前期对建设中的经验教训总结不够、问题没有摆够，如果这样何以纠正我国经济建设中的问题？于是彭德怀在 1959 年 7 月 14 日向毛主席写了一封信，陈述自己的看法。毛主席看了这封信后，批道：“印发各同志参考。”其后，毛主席发动了对彭德怀的批判。政治局扩大会议结束后，中央召开了八届八中全会，全会对彭德怀同志进行了错误的批判。

六年了，彭德怀与毛主席一直没有联系。可在 1965 年彭德怀同志又一次给毛主席写了信。毛主席看后心里很不平静，加之要搞三线建设了，彭德怀同志是一个强有力的组织指挥者，可以让他去领导三线建设。9 月 23 日 7 点多钟，毛主席提前来颐年堂等候彭德怀同志。彭德怀同志上午 8 时来到颐年堂，他看见毛主席在等候，大步地走了进来，毛主席笑容可掬地站起来，热情地与彭德怀同志握手。

毛主席拉着彭德怀坐下，说：“早在等着你，还没有睡觉，昨天下午收到你的信，也高兴得睡不着。今天还有少奇、小平、彭真同志，等一会儿就会来参加，周总理因去接西哈努克亲王不能来，我们一起谈谈吧！”

这时彭德怀同志对着我说：“这位同志不认识。”

徐业夫秘书说：“他是张耀祠同志。”

过了一会儿，少奇、小平、彭真同志到了。

毛主席说：“现在要建设大小三线，准备战争。按比例，西南投资最多，战略后方也特别重要。”他对着彭德怀同志说：“你去西南是适当的。”

毛主席沉吟片刻，说：“你说的三条保证，我还记得后面两条。也许真理在你那边，让历史去做结论吧！”

毛主席对少奇、小平、彭真同志说：“彭德怀同志去西南，这是党的政策，是中央的决定。我过去反对彭德怀同志是积极的，到三线是我提议的，现在要支持他，也是诚心诚意的。”

毛主席还说：“由少奇、小平同志召集西南区的有关同志开一次会，把问题讲清楚，如果有人不同意，要他来找我谈。”

当天，毛主席与彭德怀同志的谈话，我和徐业夫秘书、吴旭君护士长均在场。我听了毛主席的谈话，心里也不平静，毛主席的心胸多么宽阔，“也许真理在你那边”，这说明毛主席也在反省自己的问题。请彭德怀同志出来工作，反映了毛主席是从党的事业出发，着眼于中国革命和社会主义建设事业的。

三、“朱毛是分不开的嘛！”

1966年“文革”刚开始，在林彪、江青一伙人操纵下，中南海机关中一些造反派写大字报攻击大批老干部，其中有一张大字报诬蔑朱德总司令是“黑司令”，对中国革命没有做出多少贡献。

朱德同志看了大字报，有种莫名的惶恐感，对造反派争辩说：“我不是黑司令，我是同毛主席一条船上的人。”

有一位工作人员看到了大字报的内容，报告了毛主席。毛主席听了非常生气地说：“朱总是红司令，不是黑司令！”

有一次政治局开会，朱德同志来到游泳池，毛主席站起来同朱德同志握手，请他挨着自己坐下。毛主席亲切地说：“红司令！红司令！你好吗？”

朱德同志说：“好，好，我很好！”

毛主席说：“有人讲你‘黑司令’，我不高兴，我总是批评他们，我说是‘红司令’！还不是红了吗！朱毛，朱毛，没有朱，哪有毛？你是朱，我是朱身上的毛啊！”“朱毛是分不开的嘛！”毛主席讲话总是那么幽默风趣。

四、1966年、1967年“文革”中的一些情况

1966年12月24日，毛主席在北京召开了一次各大区第一书记汇报各地区“文革”情况的汇报会。汇报完，他最后说：“你们回去要振作精神，好好做好群众的工作。把刘（少奇）、邓（小平）的大字报贴到大街上不好。要允许人家犯错误，也要允许人家改正错误。你们说我和稀泥，我就是和稀泥的人。我没有料到，一张大字报，一个红卫兵，一个大串联，就闹起了这么大的事。”

陶铸同志1965年被任命为国务院副总理，1966年12月从广州调来中央工作。他在党的八届十一中全会上，被补选为中央政治局委员、常委，兼任中央书记处常务书记和中央宣传部部长。

毛主席派他去各省、市看一看，考察一下“文革”运动的情况。“到底怎么样，是糟得很，还是好得很？公说公有理，婆说婆有理。你亲自去看一看，几个省、市委第一书记要保呢，上海的陈（丕显）、曹（荻秋），云南的阎（红彦），江苏的江渭清……凡是能保的都要保。要救人于水火呀！你代表中央去讲话的作用会大些。”毛主席交代说。

陶铸同志领受任务后，与毛主席告辞，回到家中整理东西，并向周总理报告了毛主席交代的任务。

周总理又慎重地请示了毛主席：“具体的保哪些人，毛主席还有

什么指示意见？”

毛主席说：“我看凡是受严重冲击的都可以保。”

周总理当天下午在中央的会议上正式宣布了毛主席的指示，并说：“毛主席的指示，现在就作为中央的决定。”

1966年12月，毛主席在中央的一次会议上正在讲话，提出：“要派解放军干部训练学生，实行军训，加强组织纪律性的问题。”

江青突然以大嗓门说：“我有意见，你们总是不让我说话，总不让我民主。”

这时，大家都望着她。

江青大声说：“为什么不把贺龙揪出来？我有大堆材料……他要搞军事政变。要把贺龙端出来，你们不敢动，我去触动他！我什么也不怕……”

毛主席说：“此事现在不议。”

江青不依，向毛主席说：“主席，不让群众起来，我要造你的反！”

在场的同志从心里感到愤慨。

谭震林副总理怒视江青：“你岂有此理！毛主席是我们全党的主席，全国人民的主席，今天是中央会议的主席。在这里，你有什么权力胡闹？你是什么东西！”

毛主席果断宣布散会，然后离席而去。

江青看到这种局面，放声哭起来了……

1967年初的一天，毛主席“刀下救出赵永夫同志”。

徐向前元帅接到北京卫戍区傅崇碧司令员紧急电话，得知“中央文革小组”刚刚宣布判处青海省军区副司令员赵永夫的死刑后，脸色陡变，厉声喝道：“他们竟敢开刀杀人！你们连个屁也不敢放！……什么？林彪同志也同意！……我马上去找周总理。”

几个小时以后，江青带着“中央文革小组”成员来到钓鱼台 12 号楼见康生。江青一屁股坐下，便嬉笑着说：“今天总算出了一口气，林彪在京西宾馆的讲话是旗帜鲜明，痛快淋漓！大长了无产阶级的志气，大灭了资产阶级的威风。”

关锋也马上附和道：“处决了赵永夫，对军内那帮老家伙震动很大。”

康生说：“赵永夫没有死，他被周总理保下来了。”

江青一愣，发急地说：“这是在大会上宣布的，也是你和林彪点了头的。这事要吹了，那以后谁还会把我们放在眼里。不行，一定要杀！”

康生有气无力地说了一句：“是毛主席不让杀。”

顿时，江青傻了眼。

毛主席在人民大会堂 118 会客厅等候周总理的到来，周总理走进 118 大厅，毛主席问道：“那个赵永夫的脑袋保住了没有？”

周总理说：“多亏毛主席指示及时，他才没有被杀掉。”

毛主席严肃地说：“动刀杀人，杀一个军区司令员！不得了啊，千万不能开这个先例，不然我毛泽东就要犯大错误。”

2 月，在怀仁堂开会时，老帅们和副总理们对“文革”没有按毛主席的要求和部署进行，许多地方乱冲、乱斗、乱抓人等做法，对“中央文革小组”尖锐提出了批评意见。江青一伙人硬说他们是“大闹怀仁堂，定性为‘二月逆流’”。

7 月中旬，毛主席在中央政治局会议上说：“已经 7 月份了，我准备到下面去走走，去武汉游泳，那里的水好。”

周总理很关心毛主席的安全，亲自先去武汉了解情况，对武汉军区陈再道司令员、钟汉华政委交代了任务，部署了安全保卫工作，然后回到北京。

7 月 14 日，毛主席到达武汉，住在东湖宾馆 1 号楼。他这次去武汉长江游泳是次要的，主要是亲自去调查各省、市“文革”运动的情况，究竟搞得怎么样，群众有什么反映。他要亲自看一看，“眼见为实”。

7 月 16 日、17 日，毛主席找谢富治、王力和武汉军区陈再道、钟汉华等同志谈话，要他们做好两派群众的工作，要两派搞大联合，不要搞武斗。要谢富治、王力这两天不要出去。

7 月 18 日，王力到了武汉水利电力学院，向群众讲了话。他说：“军区支左方向错了，要向‘工总’平反，说造反派是革命派，‘百万雄师’是保守组织……”王力这些鬼话激怒了“百万雄师”的广大群众。王力还辱骂了群众，这些青年听到王力的辱骂，更激起了他们的义愤。在一片哄叫声中，要找王力，把他拉到军区大院去辩论。王力被抓走了，群众叫喊还要抓谢富治去辩论。

武汉的形势开始还好，就是王力不听毛主席的话，挑起了两派矛盾，激起了群众极大的不满。

7 月 20 日 5 点钟，发生了“7·20 事件”。在这种情况下，6 点钟，毛主席乘汽车离开了武汉东湖宾馆，来到武汉飞机场，转乘飞机去了上海。

林彪、江青听说武汉发生了“7·20 事件”，不调查核实情况，轻易主观地说是“武汉发生了兵变”，把罪名扣在陈再道同志头上。

王力、谢富治回到北京，江青在天安门广场召开 10 万人的群众大会，欢迎“王力胜利”回来。江青把王力当成“英雄”，手拉着王力的手步入会场。

8 月 5 日，江青一伙策划并授权戚本禹组织指挥机关一些群众，在中南海分三处到刘少奇、邓小平、陶铸同志家里进行批斗，还拍了现场批斗会电视片，他们准备向全国播放。

8月5日夜和8月6日上午，杨德中、武健华同志打电话向在上海的汪东兴主任报告了上述情况。

汪东兴同志当日向毛主席报告了中南海8月5日发生的情况。

毛主席听后，大为光火地说："是谁批斗中央领导人？要追查！"

汪东兴同志把毛主席的指示打电话报告了周总理。

江青一伙人不经中央政治局碰头会议讨论，也不请示毛主席，搞突然袭击。这种无组织无纪律的行为，从此打开了缺口，他们的所作所为无人能约束得了。

周总理追查此事的时候，戚本禹也召集会议"追查是谁告的密"。他们心里有鬼。

8月7日，"中央文革小组"成员王力在接见外交部造反派代表时，发表了颇有名气的"八七"讲话，给造反派鼓劲打气。王力煽动造反派说："外交部的权可以夺，陈毅部长的权也可以夺……"

8月16日，他们洋洋得意，封了外交部的大印，使外交部无法进行工作。

8月17日，造反派还要押着外交部两位副部长游街。

8月20日，造反派火烧了英国驻华代办处。

造反派这些极"左"举动，是与"中央文革小组"的幕后操纵有密切联系的。没有人支持他们，他们也没有这个胆量干这种坏事。

周总理找到了王力"八七"讲话记录稿，交给杨成武代总长，要他带到上海，请"毛主席定夺"。

林彪、陈伯达、江青一伙人有领导、有计划、有组织地批斗刘、邓、陶后，胆子更大了，扩大了打击面，提出"怀疑一切"，"打倒一切"，要搞"文攻武卫"，煽动派性，大搞武斗，随便批斗各级党、政、军领导干部，戴上高帽子，挂上黑牌子，游街、下跪、坐"喷气式飞机"，到处抓人，扣上大帽子关起来，真是无法无天，把“文革”搞乱了。

毛主席在上海看了王力的“八七”讲话记录稿后，找来杨成武同志说：“我考虑好了，你回北京告诉总理，王（力）、关（锋）、戚（本禹）破坏‘文化大革命’，不是好人。你单独当面向总理报告，把他们抓起来，要总理负责处理。”又说：“先抓王力、关锋，把他们分割一下，看戚本禹有无转变。”

毛主席点点头说：“就这样，你现在去准备，叫总理马上办。”

杨成武同志回到北京，来到总理办公室。周总理正焦急地等待上海的消息，见到杨成武来了很高兴，连忙握住他的手说：“辛苦了。”

杨成武同志传达了毛主席的决定，并做了一个抓的手势。周总理果断地说：“事不宜迟，马上开会。”

周总理在人民大会堂召开会议，宣布了毛主席的命令，当场把王力、关锋隔离审查。这是在 1967 年 8 月底。

1968 年 1 月，又对戚本禹实行了隔离审查。就这样，王力、关锋、戚本禹这三位“文革”的红人，先后在“文革”的政治舞台上消失了。

毛主席对 1966 年、1967 年出现的无政府主义、派性和武斗很不满意。他指出：“现在流行无政府主义，‘怀疑一切’，‘打倒一切’，结果弄到自己头上来了，不行了。斗来斗去，错误的人总是站不住脚的。”

毛主席说：“对待干部要全面地、历史地看问题，‘怀疑一切’、‘打倒一切’是不好的。”

毛主席反复说：“对待犯错误的同志，要允许人家改正错误，给人家改正错误的机会。‘怀疑一切’、‘打倒一切’就是不好，对党的事业、对革命事业不利。打击面要缩小，教育面要扩大。”

毛主席停了停，说：“什么叫长征？长征是打出来的，是逼出来的。长征之后，革命队伍素质提高了。就是现在这些干部，哪个在战场上没有受过伤？现在你们要打倒这个，打倒那个，这怎么行呢？军队干部虽然犯了错误，但打起仗来，打起美国佬来，只要一声令下，他们还是很勇敢的。”

毛主席最后说：“中国历次革命以我亲身经历来看，真正有希望的是想问题的，不是出风头的人。现在大吵大闹的人，一定会成为历史上昙花一现的人物。”

许多事实证明了，林彪、陈伯达、江青一伙人勾结起来，有意对抗毛主席的指示，口是心非，当面一套，背后一套，利用“文革”搞武斗，煽动造反派为他们服务，阴谋分裂党、摧毁党，妄想统统打倒忠于党、忠于国家、忠于人民事业的老一辈无产阶级革命家和领导干部，梦想篡夺党和国家最高领导权。

毛主席先后视察了上海、浙江、江西、湖南、河南、河北等省、市“文革”的情况。回到北京后，他主持召开了一次中央碰头会议，会上提出要在 1968 年结束“文革”，并召开党的第九次全国代表大会，让周总理负责筹备工作。由于林彪、江青一伙的干扰和破坏，后来未能按照毛主席的意愿结束“文革”。

五、毛主席说："你们比我的儿女都好"

毛主席搬到游泳池后，李讷还住在丰泽园那边。一天，我去看她时，她对我说："生了孩子，雇了保姆，生活上有些困难。"

我对李讷说："向你父亲要一点吧。"

我回到游泳池，对毛主席说："毛主席！李讷生了孩子，雇了一个保姆，生活上有些困难，毛主席能否给她点钱？"

毛主席正在看书，抬起头来，问："给多少呀？"

我说："给她 8000 元吧！"

毛主席说："给那么多呀？我的钱是工人农民给的呀！"他坐在那里抽了两口烟，想了一下，说："好吧。给她 8000 元，先给 3000 元，那 5000 元等她走时给。"（她要去江西"五七"干校。）

我说："我写张领条，毛主席批一下吧。"

毛主席说："不要了，你去办吧。"

我写了一张 8000 元领条，请毛主席的管理员吴连登同志去中央办公厅特会室领回来，先给李讷 3000 元，那 5000 元帮她存银行，等她去"五七"干校时再给她。这笔钱是吴连登同志经手办理的。

另外，菲律宾前总统马科斯夫人伊梅尔达访问中国，给毛主席带来一些芒果，毛主席不吃，放久了怕坏了。我向张玉凤同志说："你顺便报告毛主席，外宾送的芒果，是否给北京的孩子送去一些？放久了会坏的。”

毛主席说：“不要给他们，给大师傅、你们和警卫战士吃吧，你们比我的儿女都好。”

毛主席时刻想着身边工作人员和警卫战士，在政治上爱护，在生活上关心。这一点凡是在毛主席身边工作过的同志无不刻骨铭心。

附录一　献给我们最敬爱的父亲

思亲难掩伤心泪，天人永隔已数年。对于父亲的离去，我们始终怀有无限的哀思。他的音容笑貌、言谈话语仿佛就在昨天。回忆带来痛苦，但也激励我们：此生要做像父亲那样的人。

父亲早年参加红军，跟随共产党、毛主席闹革命。枪林弹雨，出生入死，二万五千里长征，南征北战，历尽千辛万苦、千难万险，迎来了新中国的诞生。在担负保卫党中央、保卫毛主席重任的日日夜夜里，他数十年如一日，忠心耿耿，任劳任怨，兢兢业业，廉洁清正，无愧于毛主席的好干部。他终日繁忙，与家人聚少离多，但我们仍能感受到他的关爱。

（一）家住方位

当时，我们家住在中南海东便门内红墙根的小院，旁边是东八所，往北是食堂，后改作中央警卫团的小礼堂。附近是车队车库和汪东兴家的小楼。走出红墙往左是我们上学的北京市第 28 中学，学校领导张乃一阿姨和她的丈夫、开国上将李达，开国少将丁莱夫及夫人盖志良的家就在学校旁边南长街的大宴乐胡同里。北京市第 28 中学是挨中南海最近的学校。

（二）母亲去世

我们的母亲曹明是湖南耒阳农民的女儿，是朱德夫人伍若兰、伍云甫、伍绍祖和开国中将王紫峰、谭冠三的同乡。井冈山时期，伍若兰为掩护朱德突围而壮烈牺牲。朱德怀念她，终生喜爱兰花。母亲 14 岁参加游击队，后奔赴延安与父亲结婚。1955 年从部队转业，先后在交通部、人民大会堂工作。1979 年春调任成都锦江宾馆副总经理。2013 年逝世，享年 91 岁。

（三）艰苦朴素

记得父亲的三件背心破得小洞连大洞，都没法补了，也舍不得扔。他穿上后，风趣地说：洞连洞，开窗透风凉快透气。为此，大姐带头补自己破了的衣服，18 岁的大姑娘穿打着补丁的裤子。新三年旧三年，缝缝补补又三年。大姐的衣服小了以后，都是传下去给妹妹们穿。父母从小教育子女绝不能浪费粮食，哪怕是一粒米饭掉到了桌子上，也要拣起来吃掉。后来，大姐的女婿碗里饭吃不干净，父亲总是批评纠正他。家旁边车队那么多小车，从不动用，大姐后来去很远的石景山上学，都是先坐 22 路公交车到西单，再换 337 路车到学校。她经常为节约几分钱的车票，就步行到西单，再坐公交车。

（四）疼爱子女

1956 年，大姐上初中了。有一次，约同学去逛东安市场，出门经过父亲的办公室，他就问要上哪玩，兜里有钱没有，告诉他没钱，随即掏出一张叁圆钱，塞到大姐手里。同学们去王府井只是到处看，也不买。馋了饿得不行，大姐也只买了一小块蛋糕充饥。她们最爱看打仗的电影，但只买楼下两角钱的便宜电影票，而楼上前两排三角五分钱的高价票，一次也没有舍得买过。

他时常教育我们：对党要忠诚，对工作要认真负责，为人处事要坚持原则。这些话已深深刻在我们的心上。宣传毛泽东思想是父亲始终不渝的心愿。

（五）笔耕不辍

父亲晚年的20多年里，积极响应党中央让老同志“抢救活资料”的号召，认为自己追随毛主席43年，有责任有义务把耳闻目睹的毛主席他老人家的故事讲给大家听，并以图书的形式留给后人。为此，他苦心搜集，精心整理，几经完善，几易其得，没日没夜地写。

他希望更多的人尤其是年轻人能够了解无产阶级领袖的点点滴滴。在这充满物质诱惑的世界里给人以启示和教育，净化人们的思想与心灵。本书的再版满足了父亲的这种愿望，也慰藉了他的在天之灵。我们衷心感谢那些为此而付出努力的人们。

对于父亲以及像父亲一样的革命老一辈，我们永不忘！我们为有这样的父亲而倍感骄傲！父亲永远活在我们的心中！

张耀祠的儿女们

2018年2月25日

附录二　永远的思念

父亲张耀祠晚年的唯一心愿就是再回江西雩都（今于都）老家看一看，这成了他魂牵梦萦的大事。因2008年北京开奥运盛会、南方遭严重冰雪灾害而始终未能成行。一直等到2010年夏天，父亲提出等天气凉快一些，最后一次回于都看一看，没想到这真成了“最后一次”。我们都不同意，轮流做他的工作，希望他打消这个念头。要知道，北京距离于都有上千公里，到了于都县城，再回老家的村子，因为路不好走，又得三四个小时。尽管他平时身体很好，但毕竟已经95岁高龄。这一次，父亲表现出前所未有的固执，坚决要求回去看一看。

父亲很小的时候，爷爷就去世了，是奶奶把他拉扯大的。1933年5月，他带领家乡40多名团员青年离家当了红军。红军长征以后，家乡遭到敌人的疯狂报复，因为缺乏青壮劳力，老乡们的生活困难，为此他一直心怀愧疚。1950年，离家17年后，他第一次回家探亲，可惜没有住几天，就因为朝鲜战争爆发，又奉命紧急归队。等到他再次回乡探亲，已经是36年后的1986年。这一年父亲已经是70岁的老人，奶奶早已去世，祖屋空无一人。没能为奶奶尽孝，成为父亲心中永远的痛。

后来，父亲在74岁、85岁和90岁时，又先后三次回到家乡探亲。除了祭扫已故的亲人，他的大部分时间都是与乡亲们嘘寒问暖，了解当地经济发展情况。当时，老家所在的镇子周边两千多人吃水困难，交通也十分不便。年逾八旬的父亲看在眼里，急在心上。他不顾年事已高，四处奔走，想方设法为家乡争取惠农项目，最终解决了乡亲们的生活饮水问题和出入乡镇桥梁的建设资金。

父亲晚年总喜欢说人不能忘本。我们有时候故意问他，什么是不能忘本啊？他总是淡淡地笑一笑，然后给我们讲一些当年闹红的情景和他刚参加红军时的故事。他说，他们当年当红军，就是想让自己和乡亲们通过劳动都能吃饱饭、不受欺负。

父亲参加红军一年多之后，长征开始了。他离开于都的那一天，恰好是重阳节。当时，父亲在红八军团保卫局侦察科任科员。过了于都河一个多月，红八军团就在湘江之战中遭遇重大损失，一万余人被打得只剩下一千来人。和他一起参军的伙伴们，很多人都是在湘江之战中牺牲的。

战争的苦难和战友们的牺牲，给父亲留下了难以磨灭的印象。他说，要革命哪能没有牺牲呢。

红军长征到达陕北后，父亲除短暂地在八路军西安办事处担任副官外，一直在延安中央警备团工作。

1947 年初，战争的阴云笼罩着陕甘宁边区，蒋介石调集 25 万大军从三个方向包围边区，并命胡宗南率 14 万兵力分两路直扑延安，情况万分危急。根据中央统一部署，中央机关和中央警备团的家属开始向晋察冀边区转移。当时，三姐还不到一岁，二姐也才两岁多，最年长的大姐四岁多。

父亲和母亲经过艰难的讨论，最终决定，把两岁多的二姐寄养在当地党员老乡家里，由母亲带着尚在哺乳期的三姐和稍微大一些的大姐随家属队转移。

当时，在中央机关和部队，这样的情况很多。许多同志都是带走了哺乳期或者稍微能照顾自己的大点的孩子，把一到三岁的孩子留在了当地老乡家里。

刚一解放，父亲就在组织的帮助下，从延安接回了二姐。可能他觉得在战争的环境下，头顶有敌人的飞机轰炸，身后有敌人的追兵围追，如果只能带两个孩子，这也许是最好的选择，所以他和母亲后来谁也没有再提及这段经历，但是这段经历却成为二姐一段不愿回首的记忆。

其实，父亲可能没有想得那么多，他对我们每一个人的要求都非常严格。进北京城不久，我们全家搬到公主坟的部队营房里。当时公主坟附近还很荒凉，部队为了解决战士和家属的居住问题，只能自己烧砖盖房子。由于取土烧砖的量很大，在公主坟西北面形成一个近百米的大坑，由于地下水位比较浅，一下雨那里就成为一个大湖。大姐那时候刚上小学，学校在两三站地之外，靠近西翠路的地方，不远也不近。但是不管上学的道路多么泥泞，父亲从来没有用车接送过大姐，她每天都是自己步行去学校。自从有公交车了，就自己坐车上下学。父亲给她的任务是，自己管好自己。后来，大姐小学毕业了，父亲给她和二姐一个新的任务，每周六全家洗澡之后，负责洗全家的衣服。当时，七妹才一岁多，大姐和二姐洗衣服，其他姐姐就负责照顾弟弟和妹妹。

到了周日，全家改善伙食，吃面疙瘩汤。父亲要求孩子们一起帮厨，大忙帮不上，每个孩子手里就拿起一掰蒜，剥蒜。父亲说，这叫自觉地养成劳动习惯。他说，自己在十几岁的时候，为了生存，就经常背一二百斤的重物了。

除了要求我们自觉地热爱劳动，出身贫苦家庭的父亲，还要我们养成勤俭节约的习惯。那些年，我们几个都很少穿新衣服，大姐的补丁裤子一直穿到 18 岁，直到参军以后才穿上了新裤子。也许是因为习惯了，她自己倒从来没有觉得不好意思或者丢人。我们其他人的衣服，更是大的穿了小的穿，有的甚至补丁摞补丁。

父亲虽然在生活上对我们严格要求，但实际上他是一个非常重感情的人。母亲领着大姐和三姐，经过一年多的长途跋涉，从延安转移到西柏坡之后，自己的工作日渐忙碌。为了不影响工作，只好送大姐去托儿所，刚刚团聚的一家人就这样又要分开了。母亲说，父亲在送别大姐的时候，大姐在哭，他也情不自禁地流下了眼泪。直到许多年以后，母亲只要一提起这件事，就要取笑父亲。

新中国成立以后，尤其是1953年中央警卫团成立之后，父亲的工作非常忙碌。后来，毛主席搬到中南海游泳池工作、居住，父亲也长年守在那里。游泳池的值班室只有10多平方米，里面最多只能放下一张床。有时毛主席睡了，父亲就睡在一侧的值班室里。其实，我们的家当时距离游泳池很近，步行最多一刻钟，骑车5分钟就能到。但是他几乎很少回去，更是难得和我们一起吃顿饭。

也许是为了弥补自己的亏欠，细心的父亲每次出差回来，都会给我们带礼物。他从杭州回来给我们带凉鞋，给妈妈带当时难得一见的杭州丝绸。有一次，从外地回来，甚至给我们带了一只烧鸡。每一个他出差回家的日子，家里都像过节一样开心。

重感情又细心的父亲，也有着常人难以理解的坚韧。有一次，毛主席和其他中央首长在人民大会堂观看演出，父亲随卫在距离毛主席不远的地方。突然，一个热水瓶发生爆裂，虽然没有发出多大的声音，但是一瓶滚烫的开水，几乎全部兜在了他的腿上。父亲一声没吭，坚持坐在原地，一直等到演出结束。

这次意外的烫伤，直到三个多月以后才痊愈。我们也是在邓颖超同志代表毛主席来看望他的时候，才知道事情发生的经过。

父亲对毛主席的感情，是用语言所无法描述的。他在晚年多次讲，他一辈子只做了一件事，那就是保卫党中央、保卫毛主席。他以一生的忠诚，实践了自己的这一崇高使命。

1997 年春天，父亲从成都调回北京休养后，在每一年的 9 月 9 日和 12 月 26 日，也就是毛主席的忌日和生日，都要带领我们去纪念堂献花祭奠。2010 年 9 月 9 日，他还像往年一样，早早地出门，在大姐的陪伴下，去纪念堂祭奠毛主席。

这一年过罢国庆节，父亲就做好了回乡探亲的一切准备，行前兴致勃勃地给我们讲述他的回乡计划，又亲自去菜市场买了肉和菜，把冰箱放得满满的，并一再嘱咐大姐留在北京照顾好患病的母亲。

谁也没有想到，身体健康的父亲，刚刚到达南昌就病倒了，并且一病不起。我们永远也忘不掉，在南昌度过的日夜锥心的日子。从江西走出去的将军很多，但是像父亲这样，以这样的方式回到生他养他的家乡的，绝无仅有。

按照父亲最后的嘱咐，我们把他的骨灰埋葬在于都老家的山岗上，让他可以永远地陪伴奶奶和他挚爱的父老乡亲。

我们的心从此也被留在了于都，只有每年 10 月份到于都看一看，心里才踏实一些。那个不起眼的土山坡，因为安放着我们的父亲，成为我们最牵挂的地方。

敬爱的父亲，您永远活在我们心中！

张耀祠的儿女们

2018 年 8 月 23 日